打開天窗 敢說亮話

U0023158

WEALTH

天窗出版

英識置業

自住收租全方位解密

全球樓行　著

目錄

推薦序

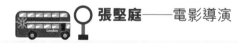

張堅庭——電影導演

全世界最有錢的富人，或者初到英國的移民或難民，他們都喜歡在英國置業，富貴的在倫敦，搏命儲錢的去曼城，各適其適，比起本土英國人，移民更喜歡置業作安心立命之所。

香港人更是買賣物業專家，更有趣的是香港的草根階層以為一世在香港買唔起一間小房子，但在英國卻非發白日夢，三幾年可以上車，所以為香港朋友作前期準備非常重要，作者撰寫英國買樓天書，由council tax到管理費，再到各級稅項都不簡單，一書在手，定過抬油。

推薦序

李澄幸──CFP認可財務策劃師
暢銷書《移英財稅七步走》聯合作者

較早前，某銀行公佈了一份關於「新世代中產」的調查報告，該調查於2022年5月進行，涵蓋1,043名介乎24至64歲並擁有100萬元以上流動資產的受訪者。當中有約76％的受訪者仍然認為置業是能夠保值的投資選擇。另外，有近四分一受訪者有興趣在未來兩至三年於海外置業，首選海外置業地點為英國。可見「磚頭」繼續是香港朋友的最愛，而在移民英國熱潮下，準備移民英國的朋友不只是為了投資，更加是有自住的需要，所以英國成為最多香港朋友關注的海外置業目的地實屬預料之內。

提到移民英國，絕對是人生大事，很多人也會仔細規劃。精打細算的香港朋友都會想到英國的稅制複雜，如何節稅是很多人的首要目標。不過，從財務策劃角度，節稅只是手段而不是目標，我們的目標應該是「財富最大化」，從而令到生活更加舒適自在。以打工做例子，如何可以少交一點稅？不工作就完全不用交稅，但這是目標嗎？所以做好規劃及投資部署，長遠令收入和資產穩步增長，兼且善用保險、公司或信託架構作稅務策劃才是更積極的辦法，否則一心只想著節稅，隨時會本末倒置。

「磚頭」是香港人最愛的投資工具，雖然論歷史回報不一定比得上股票投資，但最吸引的地方就是可以做按揭，按揭是有效的融資工具，將未來的收入集中釋放變成購買力，運用得宜的話，物業所帶給你的回報將會以倍數上升。所以，研究置業問題，除了「Location」之外，優先該研究的問題就是按揭的應用，這對於回報的影響是非常關鍵的。到底應該移民前買英國樓還是移民後才買？如何善用你的借貸能力，甚至是如何善用規則，繼而有望做到一筆資源發揮最大的置業效果？又或者是如何更有效的製造現金流？這本書提供了不少有用的建議，連同其他實用的知識，比如用甚麼名義買入英國物業及地權問題等等，絕對可以為有意在英國置業的朋友提供一站式的資訊！

推薦序

Billy——「Goodbye HK Hello Billy」
Facebook 專頁作者

BNO簽證計劃推出後，英國資訊隨即遍地開花，社交媒體上更出現井噴式的爆發，有如山洪暴發一樣，湧出一大批「網絡專家」。移民就是要搬家，搬家就要考慮置新家。亦因如此，在這批「專家」之中，亦最多人自命是英國買樓的「磚」家。

然而，由於這批所謂網絡的磚家良莠不齊，漸漸「磚家」便成為在網絡上帶有貶義，暗諷一些水平不足，但自命是英國樓專家的人。一直都覺得，教香港人買樓是一個很吊詭的命題。首先，以香港人對磚頭的熱愛，買樓的經驗和習性，根本個個本身都是買樓的專家。哪有需要人「教」的空間？

亦因如此，雖然我的社交媒體平台，因為當時對移民英國這話題的關注，也有一定的流量，但我從來也不敢去「教」香港人買英國樓。不過，即使你是出手快、狠、準，狂風掃落葉式的「磚業投資者」，在面對一個新市場時，也必先要了解當地的買賣流程、市場文化和交易習慣。

整件事說穿了，其實香港人從來都不需要別人教導他們買樓，但極度需要準確的資訊去認識這個新市場。在這個社交媒體網絡資訊碎片化的年代，一人一個說法，一百人就一百個說法，但最後通通都說不出答案，甚至連正確答案也被掩蓋。在樓市已身經百戰的香港人，與其去求教於不知孰真孰假的「磚家」，倒不如自己去掌握準確的資訊，再糅合本身的功力，讓自己去成為一個真真正正的專家。

《全球樓行》這本英國買樓天書，由事前的思考準備，持有的方式、地區的選擇、地權的不同、按揭的種類，以至買樓收租要留意的問題，都有重要的資料和分析，還加入個案分享去具體解釋。對於入門的初哥來說，是必修的第一課。

講到買樓，香港人位位都「骨骼精奇」，「呢本秘笈今日就交俾你哋」！

推薦序

 M——英國建築師

認識《全球樓行》是在2021年5月倫敦 New Providence Wharf 發生火警之後，一名《蘋果日報》財經版記者邀請我進行訪問，想了解我對英國自 Grenfell Tower 大火後引發的外牆 cladding 物料危機、以及香港地產商到英國與當地發展商合作開發住宅項目的看法。對財經一竅不通，卻將第一次以建築師身份受媒體的訪問奉獻給報章財經版，感覺是有點受寵若驚，不過記者姐姐的專業態度卻令我留下深刻印象。報道其後在5月22日刊出。

幾位記者朋友延續了《全球樓行》專欄，以網絡形式發表與世界各地地產投資相關的資訊。在過去一段時間有大量香港人持BNO Visa 來到英國開展新生活，希望能夠在此購入理想居所或作投資之用。但由於英國無論在建築種類、稅制、按揭貸款流程、政府資助政策、投資回報幅度、樓宇地權、出租物業法例、校網分佈以及住宅地區選擇上都比香港更為複雜，有一本記載有具體實例的天書傍身避免中伏，確是非常重要。

《全球樓行》作者以實事求是的精神去編寫本書，探討各種常見問題及提供實際建議，希望能令讀者對投資英國樓加深了解，在叫人暈頭轉向的海量網上資訊當中望見曙光。

前言

在移民英國的浪潮下，由2021年至2023年首季，以BNO簽證申請移民英國的港人逾16萬，未來預計移民英國，甚至有意投資英國的港人更是不計其數。華人社會相信「磚頭價值」，英國物業成為不少香港人的「上車」、投資目標。

《全球樓行》專欄在過去的六年時間，曾前往26個城市，實地考察及了解當地的樓市政策、買賣過程、投資價值，面對的難題以及真金白銀的投資海外物業。過去的兩年多，不少親友相繼移民英國，打算購買物業用作自住「落腳點」，甚至因應移民浪潮下，「留守」的香港人亦打算投資英國樓出租，希望「賺租又賺升幅」。

近年我們常被移英的親友及讀者「問爆」有關於英國樓的問題，加上我們仨，在過去十多年的傳媒生涯中，鍾情於撰寫、發掘地產新聞，亦熱衷報道各種投資房地產的人物故事。

由於英國樓將是繼港樓後，另一個港人最關心的投資市場，為此我們三位《全球樓行》創辦人特意飛往英國倫敦、中部及曼徹斯特作實地考察，以記者求真的態度訪問多位英國物業投資者及上車自住人士，並輯錄成這本書中的訪問章節，分享多個真實個案所面對的難題，以及逐一破解的方法。

「究竟我在登陸英國前，還是登陸後，才是買入英國樓的好時機？」這個是我們常被問及的問題。

剛登陸英國的朋友因為沒有收入證明，苦無方法承造按揭置業，除需預繳一年的租金外，又要花時間「儲信貸紀錄」。為求「快速置業」更以現金購買物業後發現物業質素參差，又需大花一筆費用執漏，甚至影響日後轉售甩手。

以購買港樓思維套入英國置業過程是不少人常犯的錯誤，其中最大的偏差便是物業建造結構，香港樓常用鋼筋混凝土，十分堅實，難有英國逾百年的維多利亞式古宅，需要面對很多不同程度的維修。香港的大型屋苑可以在網上銀行進行簡單估價，已知借貸金額，然而在英國申請按揭需要銀行測量師入屋實地估價，以「地毯式」審查，務求批出「最貼市價」的借貸金額，以確保銀行利益。

筆者大多建議移民英國前，可用香港的收入證明申請按揭購入一間收租物業（Buy To Let，BTL）來製造被動收入，以緩衝移英後需要即時面對「零工作、零收入、零信用評級」的壓力。有關分析及個案例子會在第一章詳盡講解。

身在香港又不打算移英的朋友，打算「隔山買牛」投資英國樓，然而不少人「一頭煙」地進場，卻碰了一鼻子灰。筆者建議在考慮買入英國樓前，可參考這本書的內容。這本書各個章節集結了買賣流程、按揭須知、置業隱藏成本、物業盡職審查DIY，趕走租霸秘笈及以個人名義持有或以公司名義持有物業的慳稅攻略，還有各種業權拆解。

英國樓比香港樓低水，租金回報亦較香港高，不少投資者計劃「一變二、二變四、四變六」投資多間物業，然而英國重稅下，足以吃掉不少租金利潤，書中將拆解如何合法地慳稅，同時可以提高回報率。

在香港「隔山買牛」投資英國樓的按揭中介服務亦跟香港本地大不同，不單止沒有現金及超市禮券回贈，更需繳付樓價1%至2%的服務費。海外買家對於英國銀行而言屬於「小眾客戶」，由於海外投資者在英國沒有實際資產抵押，銀行亦擔心其還款能力，獲批按揭利率不單止比在英國生活的港人為高，申請按揭時，銀行更有不同的附加費用，承造英國按揭步驟、加長按揭年期、借平息，以及物業加按貼士。有關分析會在按揭篇詳盡拆解。

除了有經濟實力的港人投資者外，不得不提的是有一班年輕人選擇登陸英國，如果是首期不足的年輕人，如何利用共享產權，以5%的首期買入英國樓？為此書中亦加設英國樓的另類上車方法，談及Shared Ownership的操作方法。

由於「BNO 5+1」為最新港人移英方案，並無先例參考，港人初次購買英國樓，以香港置業思維在英國置業，DIY整個過程，跌落陷阱而不自知，尤其是「交少稅」被當局「開了File」也懵然不知。畢竟「BNO 5+1」為最新港人救生艇簽證，「5+1」之後才是「見真章」，當中亦存在很多變數，既然移民別國，就應依照當地法規，在合法、合規的情況下購買物業。

筆者建議首次置業還是善用按揭經紀、地產經紀以及稅務顧問等提供的專業知識，並從中學習及吸收經驗，避免自己連「犯法」也不知，等摸清整個市場後，自行DIY也不算遲。

for sale

flat

1.1
英國買物業八部曲

買賣英國物業，跟投資香港樓相當不同，當地一手新樓盤及二手樓物業的交易程序亦有差異，如有意在英國置業，宜先明白兩者不同的遊戲規則，以及充分了解英國物業交易的各項程序，便能事半功倍。

根據英國最大搵樓網站Rightmove調查，2022年完成交易單位的平均時間超過五個月（153日），而截至2022年7月的一年內，有34%的交易失敗告終。

三成四的失敗率對買過港樓的香港人來說，看來是頗高的，原因是英國買物業很大程度講個「信」字，沒有明文寫明違約條款，就算有，也只是保障賣家居多，不過也基於如此，在落實交換合約之前，也為買家和賣家都預留了很大的空間三思，買家在交換合約之前退出交易，也不會承受被「殺訂」損失。

香港樓價貴，但是買樓及各項買賣支出比例相對英國物業較低，只要按部就班，大多可以完成整個物業買賣過程。在香港，只要看

中心儀單位，雙方經過議價後，便可簽署「臨時買賣合約」，另外準買家亦會支付細訂，但金額高低則由買賣雙方協商而定，大多數為樓價的5%，至於衡量細訂金額多少，視乎買賣雙方怎樣看樓市前景而定。若準買家希望「落重注」鎖定單位，不希望業主賠訂重售，可選擇支付較高比例的細訂；若準買家還是拿不定主意，亦可選擇支付較低比例的細訂，以減低「撻訂」時被沒收訂金的損失。

買賣香港物業，在簽署臨約14日後，買賣雙方就會再簽正式買賣合約，準買家需要補足樓價10%，也就是細訂及大訂相加等於樓價10%，而且是「必買必賣」條款，除非業權出現問題，否則合約任何一方均必須完成這項交易，否則視為「撻訂」，並須作賠償。樓價餘額會由買方於完成「交易日」支付給業主，如需向各大銀行承造按揭，成交期大多為3個月左右。

至於在買樓成本上亦大有不同，香港物業除了首期外，還有從價印花稅由1.5%至8.5%不等，另外，如果是承造按揭超過6成，便要繳付按揭保險費用，保費介乎貸款額1.32%至5.29%不等，視乎按揭成數和年期。另外經紀佣金約是樓價的1%，律師費平均約一萬港元，火險約貸款額0.15%等。

英國買樓除了首期外，其印花稅由5%至12%不等，如果是海外買家，還要額外繳付海外買家印花稅2%，另外亦有物業測量師的驗樓報告費用，連稅約為500英鎊，坊間亦有收費較平的簡單報告，視乎各人需要而定。若是透過按揭顧問（Broker）在銀行承造

按揭，亦會收取相關費用，坊間收費為借貸款項的0.5%至2%不等。若在香港委託經紀代理進行買賣亦會收取經紀佣金，約為樓價的1%至2%，而英國買賣物業的經紀佣金則是由賣家承擔，一般為0.75%至3.5%，另加增值稅(VAT)，買家不用付任何佣金費用。

要買英國物業便要遵循人家的買樓規則，熟悉了會遇到的情況，便能在買樓過程中處之泰然。這章跟大家解構買樓八部曲，細談英國買賣物業程序，幫助大家有更清晰的置業及投資藍圖。

第一部　網上搵樓

買賣英國物業，資訊較香港公開透明及集中，英國二手樓大部分放盤，都可在網上樓盤平台找到，這些搵樓網站包括 Rightmove (www.rightmove.co.uk/)、Zoopla (www.zoopla.co.uk) 及 OnTheMarket (onthemarket.com) 等等，當中尤以前兩者較為受歡迎及普及，眾多有意在英國找租盤或買盤的人士，都會在這兩個網站尋找心頭好。

超過九成代理都會在上述的網站（或相關APP）放盤，因此經常會在不同的放盤網站，看到相同的樓盤資訊，只是上載時間可能略有差別，有機會同一個放盤，在某個網站會稍為早一點出現，在另一個網站或會稍後或隔一兩天才出現。除此之外，樓盤羅列的資訊則

分別不大，大同小異。讀者可選擇其中一個網站瀏覽，又或者喜歡「快人一步」的話，也可以選取兩至三個網站定期瀏覽，掌握市場最新情況。這些網站除了二手放盤，亦有部分發展商透過平台宣傳新盤。

使用這些網站搜尋心儀靚盤，需要先輸入一些個人要求以收窄搜尋結果，例如想買哪一個地區，便因應輸入相關地區的郵政區號（PostCode）、又例如選取想要的房間數目，如兩房、三房還是四房等等，以及物業的價錢範圍等等，如果想搜尋結果再貼近自己的要求多一點，還可以輸入關鍵字（Keywords）以進行配對，也可在「必有」選項（Must have）中，選取物業必有的要求，例如要有私人泊車處（driveway）。大家也可將搜尋結果由最近至最遠的放盤日期排列，這樣便可率先瀏覽到一些最新放盤。例如以港人移居熱點Kingston區為例，要搜尋相關地區樓盤，先輸入PostCode「KT2」，選取「一英里範圍內」的樓盤、選取3至4房、選取放盤價60萬至80萬英鎊的各類戶型，然後便能得出有相應條件的放盤，如果只想要新盤，就在Must have選擇 New Home，搜尋結果會立即大幅收窄。

rightmove	Buy	Rent	House Prices	Find Agent	Commercial	Inspire	Overseas

Property for sale in KT2

Search radius	Within 1 mile			Property type	Houses	
Price range (£)	600,000	800,000		Added to site	Anytime	
No. of bedrooms	3	4			Include Under Offer, Sold STC... (?)	
					Find properties	

瀏覽 Rightmove 網頁逐步搵盤

瀏覽 Zoopla 網頁逐步搵盤

① 買賣英國物業流程解密

其實近年愈來愈多來自英國的海外樓盤在香港進行展銷，大多在各大酒店設置展銷會，場面十分「墟冚」。新盤來港宣傳，均以吸引海外投資者為主，不同的報章及 Facebook 廣告宣傳鋪天蓋地，然而這些新盤高溢價，關於新盤情況筆者將在篇章 1.2 詳述之。

第二部 睇樓

在 Rightmove 或 Zoopla 選好心水盤後，可以透過電郵或致電查詢，代理一般即日或翌日回覆以及編排睇樓日期時間，視乎市場環境而定。部分質素較好的單位，因睇樓人數眾多，代理索性以開放形式在指定時間、讓準買家自行入內參觀。

實地睇樓與網站圖片往往是兩回事，有時圖片是裝修後立即拍下，花園仍然整齊，但過一段時間就有機會出事。在英國睇樓，業主即使仍然住在該單位，也未必在場監場，他們慣例會將門匙交低予代理處理。坦白說，英國物業隨意一間都可能超過半世紀樓齡，睇樓期間未必能看到太多「內部情況」，只能在業主接受了出價，及啟動買賣程序後，適時找 Building Survey 檢查結構。

STEP 3 第三部 提交報價 (落 offer)

看中物業，便要向代理落盤出價。代理不能向睇樓人士披露其他人的出價資料，因此一般都會價高者得。代理稍後會發出電郵，或向其他候選人「溫馨提示」提高叫價才能成功得到賣家接受出價。

要留意一點，英國買賣物業的經紀佣金是由賣家承擔，一般為0.75%至3.5%，另加增值稅（VAT），買家不用付任何佣金費用，但缺點是代理會將利益放在業主身上，即使你出價最高，可能亦被代理勸說未到價，或者有「其他人」出價更高。

不過，有時賣家會考慮其他因素，包括是否現金付款（毋須經過按揭程序、加快完成交易）、買家是否等待賣樓融資，無物業鏈（property chain）相對較容易完成交易。

物業最終是高於放盤價抑或低於放盤價成交，關鍵是市道及單位質素。以2021年下半年至2022年上半年樓市相當熾熱為例，一面倒屬賣家主導（Seller's market），成交價經常高出放盤價，放盤一周內已經獲賣家接受offer而落架。

相反，2022年下半年英國物業市場急降溫，生活成本危機及加息因素等問題令樓市見頂回落，買家主導市場（Buyer's market）下，放盤單位隔一段時間就會減價，就算出價低於放盤價，如賣方心急的話，都能成功易手。

STEP 4 第四部 業主接受出價

買家出價，可列出特定條件，筆者的朋友就曾經要求，當業主接受出價（offer），賣家要將樓盤於網上平台下架，以減低其他買家後期介入的風險。筆者認為，這個要求是被接受offer的買家的可行使權利，賣家既然接受了出價，雙方都理應開展買賣程序流程，而不是讓其他買家仍然有機會睇樓或出價。當然賣家會否乖乖聽從，則是賣家自己的決定了。

有一個出價後業主很大機會接受offer的線索，就是代理會認真地叫準買家提供資金證明及按揭預批資料，向業主證明是「可靠買家」，可繼續交易。業主接受offer後，雙方達成協議，買家會收到銷售備忘錄（Memorandum of Sale），內含成交價格以及其他成交細則，惟注意這並非正式的買賣合約。到了這個階段，香港一般會簽臨時買賣合約並繳交細訂，但英國直至這階段，買家*毋須*向業主付任何訂金。

STEP 5 第五部 搵律師及測量師

收到銷售備忘錄後，便是時候找律師（Conveyancer，專注物業買賣及轉讓的律師）及測量師（Surveyor），前者是幫忙處理買樓所

有法律工作並申請各種檢查報告，後者則負責驗樓，確保結構安全及沒有潛在風險導致物業價值受損。

律師（Conveyancer）：類似香港的情況，買賣英國物業也需要律師幫忙處理各種文件。有些物業經紀會向買賣雙方介紹相熟的律師，但大家毋須要找代理轉介的律師、測量師幫忙，可自行在價格比較網站（comparemymove、reallymoving）上比較，便能找到相關專業人士幫忙。只要在相關網站輸入物業資料及聯絡資料後，便能在電郵收到有興趣接單的專業人士的報價。大家在比較不同報價後，可自行與相關人士進一步聯絡。便宜的未必「有伏」，大家可透過消費者平台網站Trustpilot，查看相關公司的評分及用家留言，最重要是貨比三家，勿輕信代理推薦。整個買樓程序到完成買賣交收鎖匙為止，律師都參與其中並處理文件交收及核對，普遍收費連雜費介乎1,000至2,000英鎊不等，收費愈貴不等於愈好，更重要是找效率高且有責任感的律師。

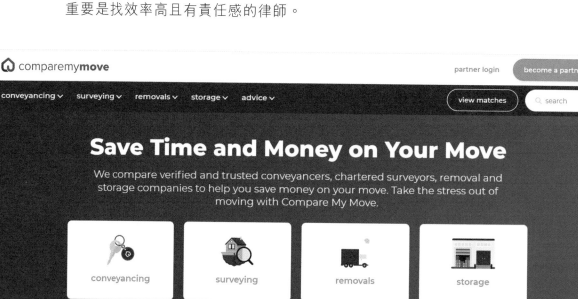

測量師（Surveyor）：為買入物業做驗樓，雖然花費數百甚至過千英鎊，但對於自身保障相當重要。測量師會對物業作出詳細的結構及建築報告，檢查房屋狀況及結構問題，列出有沒有要修理的地方。如果檢查報告中發現到任何問題，買家可以提前向賣方尋求解決方案，甚至可重新議價。

坊間一般有三個不同級別檢驗報告，適合不同樓齡及詳細程度。

Level 1 — Condition report（約£200 － £400），最基本檢查報告，僅適合新盤。

Level 2 — Homebuyer report（約£500 － £900），針對樓盤狀況和當前市場估值提供總體意見，適用於所有二手物業。

Level 3 — Building survey（約£600 － £1,200），專為較舊單位或已更改或非傳統的建築物而設，詳細檢查物業結構和完整性。如樓齡超過五十年或用全現金買入(Cash Buy)，強烈建議用Level 3。

報告費用不一，由最平300英鎊（Level 1）至最貴超過一千英鎊（Level 3），亦視乎實際單位面積而定。

買樓要找專業人士幫手

處理各種文件；普遍收費連雜費介乎1,000至2,000英鎊

驗樓；普遍收費數百至過千英鎊

律師（Conveyancer）

測量師（Surveyor）

STEP 6

第六部 承造按揭

找律師及測量師之同時，如果不是Cash Buy，同期要向銀行申請按揭，途徑有兩個，直接搵承造按揭的機構如銀行或找按揭經紀（Mortgage agent）作為中介人幫忙處理，前者毋須費用，後者則要數百英鎊不等。

大家可以上網用格價平台比較各間按揭機構的按揭計劃，然後自行申請，好處是毋須額外付費用，缺點是可能因小失大。事關各銀行不定期推出或取消不同按揭計劃，有些按揭計劃未必能在網上找到，故此如果想找最低息按揭，按揭經紀可從中協助，提供最合適建議及按揭計劃，相關費用約數百英鎊。

大家可以在出價階段，已部署申請按揭，部分按揭機構如 Halifax，只要在其網站提交基本資料及入息證明，就會發出初步貸款同意書（Agreement in Principle，AIP），AIP 會列出初步可借貸金額。

當業主接受出價後，買家可進一步與銀行按揭職員洽談，或由按揭經紀代勞。按揭機構會因應客戶收入、財政狀況及估值報告，決定最終批出按揭金額。有關估值報告，是銀行自行聘請 Surveyor 作物業估值（Valuation），並調查物業有否影響承造按揭的問題（如結構損壞、水浸等），這份估值報告是銀行批出按揭考慮的重要因素，買家不能取得報告，但卻一定要代繳數百英鎊的銀行估價費用。

STEP 7 第七部 交換合約及繳付按金

簽訂正式買賣合約前，買賣雙方會就各項文件作出提問並等候對方回覆，這個階段耗時最長，中間出現的變數都會令交易取消，包括：

A. 按揭申請不獲批；
B. 賣家接受其他買家更高出價，取消原先協議；
C. 買賣雙方／一方 property chain 斷裂；
D. 市況逆轉或等待時間太久，致一方中止交易。

直至交換合約（Exchange Contract）前，雙方仍可以改變主意取消交易，但律師、驗樓等費用則不能追討。坊間有一些相關保障取消交易的保險（Home buyers protection insurance），買家如擔心交易中途出現變卦，也可以考慮買入相關保險，以保障交易一旦被取消，可以索賠一些相關已付出的費用。購買相關保險的費用不多，保障程度因應不同計劃各異。

如雙方確認所有文件後，雙方就會簽訂正式買賣合約。交換合約意味買方正式承諾購買該物業，並要支付訂金。買家須在簽署合約時向賣方繳付樓價 10% 訂金，交換合約後如「撻訂」，買家訂金會被沒收。

第八部 交樓

一般在交換合約後一個月，業主會還原單位狀態並清空雜物，之後就可以交樓。當買家按揭貸款金額由律師交付給業主，整個買賣物業交易便完成，買家可取鎖匙收樓。

至於日後放盤，其中一個較大的成本是經紀佣金，他們通常收取樓價的1%至3%的佣金，在完成交易時便要支付。如果以20萬英鎊物業，收取2%佣金計算，業主便需要支付4,000英鎊的費用。當然找經紀賣樓，確實整個買賣流程可減少不必要的煩惱，同時筆者亦建議可在Trustpilot評論網站，睇睇代理公司或一手發展商的評分及評論。

此外，法律上是要求業主向任何潛在買家提供能源性能證書（EPC），而且物業上架7日內便要提供，該證書列出物業當前的能源效率等級，一般EPC證書有效期為10年，因此如果該物業入住不到10年，業主可以使用現有的 EPC證書，當然亦可向相關部門申請索取證書（連結：https://bit.ly/3SnpmHJ）根據物業類型、位置和面積大小而定，費用大約35至150英鎊，業主賣樓時如沒有提供EPC證書，或面臨200英鎊的罰款。

除了EPC證書外，還有整個轉讓的法律過程中產生的相關費用。律師會指導完整過程，包括擬定合同、安排在土地註冊處登記等，費用大約500 英鎊至1,500英鎊之間。

另外涉及贖回聲明（Redemption statement）方面，如果物業還有未償還的抵押貸款，需要有贖回過程，其手續往往跟物業出售的手續連結起來，該聲明會列出在按揭下所有尚欠的本金及利息，承按人便要簽署相關文件解除物業的按揭，其後須在土地註冊處登記，當完成物業出售時，律師會將贖回金額轉給貸方或銀行。如果物業是租賃業權並有按揭，律師預計有更多的書信工作，或需收取額外的費用。

當然如賣方能提供建築法規證書（Building Regulation Certificates）和規劃許可證書（Planning Permission Certificates），即是對物業所做的改動的證書，對於下手買家而言，亦可節省驗查時間，加快整個出售時間。

1.2
移英前後買物業 考慮關鍵在按揭

了解完買英國物業的程序後,這章會跟大家談談一些買英國物業承造按揭的考慮。對於計劃移居英國的朋友,如果不是以全現金(cash buy)買英國物業,而是要承造按揭,便要考慮一個問題,究竟出發前預先買樓,抑或到埗後才買樓呢?

兩個決定各有優劣,以下會逐一講解。以自身經驗分享,如果計劃兩年或以後才移英,筆者建議讀者可先購入一間面積較細、銀碼較低的單位收租(Buy To Let,BTL),戶型可以是Apartment(公寓)、Terrace(排屋)或Semi-Detached(半獨立屋)。預先BTL,原因是可以用香港現有職業薪酬資料,透過本港銀行為英國物業承造按揭,這一點相當重要,事關閣下移英後,到埗後除非全數現金(Cash Buy)買入物業,或者是透過職位搬遷(Relocation)在同一機構任職,有工作收入保證,否則當地銀行只會批出金額不高的按揭借貸。

考慮需否承造按揭

2019年筆者以30萬英鎊購入劍橋兩房排屋，並在本港龍頭銀行承造七成半按揭。與本港買樓一樣，銀行會向申請人進行壓力測試，根據收入判斷批出按揭金額及按揭成數。而針對BTL，銀行會考慮物業租金情況，整個過程耗時約兩至三個月，較本港樓按審批為長及嚴謹。

目前本港三大銀行：滙豐銀行、中銀香港及東亞銀行都有承造英國物業按揭，前兩者可申請自住物業按揭及出租物業（BTL）按揭，東亞表明只接受BTL按揭申請，如購入作自住用途不會獲批。

無論是在英國銀行承造按揭，或是透過本地銀行為英國物業承造按揭，皆可以選擇定息按揭（定按，Fixed Rate）或浮息按揭（Tracker Mortgage）。定按是確保買家在一定期限內，按揭息率鎖死在一個固定水平，確保供款不會跟隨英倫銀行（英國央行）加息而上升，反之亦不能隨英國減息而下調。要留意一點，即使貸款年期假設為25年，定息按揭選擇一般是兩年、三年及五年期，如選擇兩年期，兩年後可以重新與銀行訂立息率條款，息率參考當時利率水平而定，年期一到實際上就可「轉按」。2021年前，英國定息按揭不足兩厘，2022年英倫銀行不斷加息，第三季曾升近至6厘，2023年初則回落至5厘水平。如果買家於2020年底採用兩年定按，息率低於兩厘，到2022年底到期要重新承造按揭（Re-mortgage），定按息已加至超過5厘。

浮息按揭息率是以英倫銀行基本利率（Base rate）來釐定，另在其上增加一個tracker息率（如3%），情況就像香港採用最優惠利率（P按）來供樓一樣，當英國加息，採用浮息按揭就要增加供款，反之亦然。2023年1月，英國基本利率是3.5厘，另加3% tracker rate，即實際按息為6.5厘。

透過本港銀行借貸買英國物業，較直接在英國銀行做按揭，要付出較高息率，無論是浮息或定息按揭，在港銀行申請會較英國本土高約0.5%至1%。當然如果選擇移民後，才於英國銀行辦按揭，息率相對本港銀行為低，但缺點是能承造的貸款金額有機會遠低於本港銀行批出的貸款額。

英國按揭貸款額相對低

一般而言，英國銀行批出按揭貸款金額上限，一般介乎申請者年薪4至5倍，實際數字亦要參考信貸報告評分（Credit Score），以及家庭開支及負債情況，不同金融機構進取度亦不同。根據英國國家統計局（ONS）數據，英國全國全職（Full Time）僱員周薪中位數為640英鎊，折合每年收入中位數約3.33萬英鎊。假如港人辭去本港高薪，到了英國賺取中位數工資收入，以稅前收入4.5倍計算，向銀行借按揭金額不會超過15萬英鎊。如果夫婦兩人各自賺

取每年3萬英鎊收入，可以聯名申請，按揭貸款上限不高於27萬英鎊。倘若家庭有較多沒財政獨立成員（小朋友或退休長輩），按揭金額會再打折。

另外一點，針對自僱人士，銀行取態會更審慎，一般要有兩年收入證明或稅單，才會考慮借貸，息率亦會略高。

總結而言，移民前買英國物業，好處是能以離港前較高收入盡借，做到高成數按揭或銀碼較大借貸，但缺點是按揭息率會較高。

到埗後才買英國物業，好處是按揭選項遠多於本港三大銀行的「有限」選擇，且息率通常較本港為低。缺點是初到貴境，事業要重新起步，一切要儲經驗值，變相收入局限了借貸金額。

隔山買樓 注意風險

相信大家都贊成，買樓不是買棵菜，是一項大投資，需要謹慎作出決定。隔山買樓固然可以，但保障自己的功夫必須做足。隔山買樓本身已經要面對對當地樓市動態未必能分秒掌握的變數，而筆者希望讀者考慮的是，除了自己喜歡該物業，自我感覺良好之外，也實在要考慮將來「轉手」的問題。

了解區內配套

筆者認為，隔山買樓不可或缺的自保方去，是必須親身或者找當地能信任的親友去親身跑一趟，最好是能看看單位的現場情況，不止於此，大家亦必須在樓盤所在的社區走走，了解一下將來要住在那裡的話，對於社區配套及風土人情等等，是否感到舒適。因為不同的社區，差異可以很大，包括主要的聚居民族是甚麼國籍、區內較多老年人、年輕人或是年輕家庭等等，都會令區內的配套不同。舉例如區內民族以印度人為主，便可以想像區內的小型超市或商舖比較大機會較多售賣印度香料或印度服飾等以適切區內需求。這是否對自己也適切？將來住在區內也會舒適？如果買入物業後打算出租，是否有信心找到除了印度人以外的心儀租客？這一切一切的問題，都需要考慮。

筆者自己早年在港買入了英國物業，亦親身去了一趟英國實地考察做最後「盡職審查」，如果大家真的未能親身飛一轉，亦要拜托相熟親友到現場走一轉。這是筆者認為必須的。

英國二手樓成交，動輒半年時間，甚至如果該單位並非大多數本地人「杯茶」，除非大幅劈價，否則等一年半載始有人接洽絕不為奇。因此，大家買單位時，除了是自己喜歡，亦要考慮往後「甩手」的難易程度。如果是傳統校網好區或是當地人喜愛的post code，在本土「剛需」下較易「甩手」，但舉例如果碰巧是少數族裔群居地，很多時潛在買家亦只有少數族裔，變相較難快速「甩

手」，甚至要減價求售。隔山買牛不是不可以，但要找一個在當地有經驗、可信賴的人，實地「盡職審查」一番，作最後把關人，這點是必須的，不能欠缺。

雖則現今科技大致上掌握到基本資料，代理亦熱心整合物業資料予買家參考，但有相有片是否就有真相？以下例子希望可以幫到只透過展銷會入市的人，如何在拍板前，做多最後一個動作以自保，避免他日收樓自住，才發現中伏遺憾。

「筍盤」與否 認真探究

愈來愈多來自英國的海外樓盤來港進行展銷，包括來自倫敦或曼徹斯特等城市都有，很多新盤來港宣傳，這些樓大多以外地客為對象，甚至有數個在Facebook看到的新盤，在英國本土未曾作過任何宣傳銷售，原因很簡單，這些盤不適切英國本土人口味，價錢（高溢價）是其一、位置是其二。

有朋友曾收到代理「筍盤」推介及提供的相片，聲稱新盤坐落倫敦Westminster W10豪宅區，1,600呎獨立屋售價125萬英鎊。價格較同區二手樓盤，約有兩至三成溢價。當然，以港人角度，以上述呎價買入英國豪宅區新盤，肯定已覺得超值，因此心思思準備簽約付首期，在入票前詢問筆者意見。

無論在全球任何一個地方，買樓原則都是location、location、location。我特此向英國朋友打聽，以及實測周遭環境，結果與朋友代理所言，卻有很大落差。

圖為朋友收到代理推介位於倫敦Westminster W10 的「筍盤」。

英國買物業，樓盤位置固然是價格關鍵，但一個好區與另一個好區中間或隔一條街，則可能是兩個世界。該新盤位於傳統靚區Maida Vale及Notting Hill中間，不過實地直擊，該區主要是印巴籍人士聚居，因此大街high street超過一半店舖都是印巴相關，甚至有一些中東黎巴嫩等餐廳或小店。不是歧視印巴中東籍人士，據在附近區域長住的朋友所言，這班印巴人士上一輩已經來英國，落地生根後已衍生第二或第三代，該區收入算是不低。

在英國就算選了心水樓，自己也要在周圍、至少是在大街上流連一會，了解該區的生活及族裔，自己能否接受。因為區內的店舖，就是以照顧最大種族居民為主，如果能融合當然沒所謂，但如果有抗拒，自住就要三思。

代理傳給朋友的現場相，高空圖將整個小區拍攝到很豪華（posh），只是，他們不會將毗鄰大街環境、常住種族披露，而新

盤後面亦有較多是council house（類似香港公屋），是否真的是豪宅區，有相當保留。

在英國選了心水樓，自己也要在周圍及大街上流連一會，了解該區的生活及族裔，自己能否接受。

樓盤位置，代理宣傳字眼謂「毗鄰有兩個地鐵站，地鐵3分鐘到機場快線站、9分鐘到Baker Street、15分鐘到Oxford Circus」。根據google地圖顯示，兩個地鐵站距離樓盤約15分鐘步程，毗鄰定義原來不是在旁邊，這也是新盤宣傳上，另一個古惑的地方。

總括而言，隔山買樓即或無法避免，能夠自保的方法還是有的，親身跑一趟或拜托親友親身看看是需要的，而且緊記不只看物業本身，最好也要觀察物業所在的社區。

1.3
自住或投資的按揭考慮

在英國買物業，有很多地方及細節都與香港不同，包括按揭的考慮，以及買家是想「Buy to Let」還是「Buy To Live」，按揭的程序以及要求已經十分不同。初初投資英國物業，必定會被這些專有名詞搞亂，所以投資英國物業的第一步，就是要釐清這些概念，以免去到要「上會」的時候才知道做錯按揭。另外，英國物業亦都會因為地段不同，而影響到物業的投資價值，例如倫敦的第一區（Zone 1）以及第三區（Zone 3），投資價值已經有很大分別，而且每一區的文化及居住的種族都不同，買家入市前必要先了解區內的市況。

買入後出租 (Buy To Let)

非英國公民的港人投資英國物業，很多時候都會選擇用「Buy To Let」按揭，即是「買來出租」的意思，而這一類按揭，業主是不可以自住，只可以作為純出租，而且銀行已經假設了業主不會向身邊

的親屬收取租金，認為這類「親屬」租戶的租金收入不穩定甚至是零收入，所以「Buy To Let」按揭的物業，均不可以租予兄弟姊妹、父母及配偶等。不過，「Buy To Let」的好處是，按揭貸款的計算方法是以預計的租金作為主要計算，所以對於業主本身的薪金收入要求比較低，最低的入場門檻是不可以少於年薪2.5萬英鎊。

「Buy To Let」按揭最多可以承造樓價的75%，不過買家要提供的資料，例如糧單、公司證明信、身份證及首期資金的來源等等，每間銀行有自己的準則，不能一概而論。 假設買家要向英國銀行申請10萬英鎊按揭，需要通過125%的壓力測試，每月扣除個人生活成本20%至30%後，銀行會再扣減10%的港元兌英鎊的匯率波動風險，以及每月債項的支出。計算後買家的年收入最少要有6,875英鎊，而物業的租金收入則最少要有573英鎊。這些按揭的計算方法，其實網上有不少的「Buy To Let」計算機可作參考，有意投資英國物業的買家可自行上網搜尋。

買入後自住(Buy To Live)

與「Buy To Let」相反,「Buy To Live」意思即是自住按揭。通常都是海外人士買樓予自己子女留學之用,按揭的成數較高,而且利率較低,不過沒有了租金收入,按揭壓力測試的方法比「Buy To Let」更嚴苛。買家月入扣除生活成本、債項及匯率風險等約30%至40%後,餘下的年薪金額可以借到4.5倍。假設年薪為5萬英鎊,七除八扣後(假設六五折)為3.25萬英鎊,所以可借到的金額大概為14萬英鎊。

英國地段 各有特色

上文已提及過,物業的投資價值會因應地區而可以有十分大的出入,所以大家要明白英國的地理分布,以選取有升值潛力的地段以作投資。

在英國投資物業,其周邊配套及設施也十分重要。例如近校區或者市中心,投資的價值會比較高,郊區地方相對而言升值及出租能力較低,變相投資價值會較少,比較適合自住用。而港人在英國買物業的地方主要有兩個,包括廣為港人熟悉的倫敦,以及另外一個港人聚居地曼城。

倫敦分區方法要清楚

相信很多去過倫敦的港人都會聽過第一區（Zone 1）、第二區（Zone 2）等等分區的方法，其實這個分區的方法是參考了倫敦的地鐵地圖的分區，以作計算車費及車程的時間。不過想投資的話，就要更了解倫敦的行政區是如何劃分，而整個倫敦可以分為「內倫敦」及「外倫敦」，而內倫敦即是主要的核心區，共有14個行政區，主要是政府機關，例如白金漢宮以及西敏寺等著名建築物的所在地，都是位於西倫敦，所以這一區的租金亦是全倫敦最貴。如果投資者想要找高回報率的物業，市中心的樓價已經十分高昂，可以賺到的租金，以及升值潛力亦都有限，所以近年投資者開始物色有新發展的東倫敦的物業，而且回報率亦都比較高。

圖表 1.1 倫敦區域 (zone) 分布

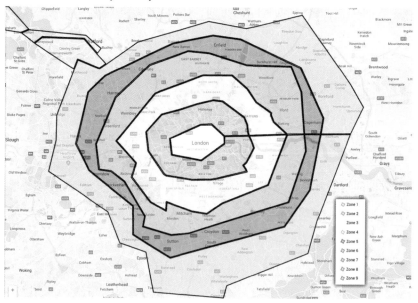

資料來源：reddit

① **買賣英國物業流程解密**

位於倫敦東南面的特肯郡（Kent）的Dartford是近年投資者新寵，出租物業的回報率亦都比較高，主要因為區內的學校算是不錯，有比較著名的文法學校、以及私立寄宿學校等等，不比倫敦周邊的城市差。當中郵政區號DA9的物業回報率最高，主要因為毗鄰泰晤士河，以及區內亦有大型商場Bluewater Shopping Centre，帶動區內的樓價。而這區的樓價只是倫敦核心區的一半，平均樓價約27.5萬英鎊，每月租金可達1,193英鎊，回報率達5.2厘，是倫敦於2022年投資物業中回報率最高的地區。

圖表1.2 2022年倫敦投資物業十大回報率最高地區

排名	郵政區號	地區	平均叫價（英鎊）	回報率(%)
1	DA9	Dartford	274,808	5.2
2	RM19	Romford	217,580	5.1
3	IG11	Ilford	329,241	5
4	RM8	Romford	343,608	5
5	SE17	London	515,062	4.8
6	SE28	London	306,806	4.8
7	RM9	Ramford	350,135	4.8
8	N9	London	356,925	4.7
9	RM10	Romford	354,070	4.7
10	TW20	Twickenham	454,993	4.7

資料來源：TrackCapital

另外，買家亦可留意倫敦不同地區，皆有各自不同種族的人居住，如果想買樓租予港人或華人，可以「同聲同氣」的話，就要留意華人的聚居地，包括京士頓（Kingston）及列治文（Richmond），這一帶主要都是香港中產居住。至於倫敦以西一帶，包括紹索爾（Southall）以及溫布利（Wembley）一帶，則主要為白人居住。

圖表1.3 倫敦各區聚居分布

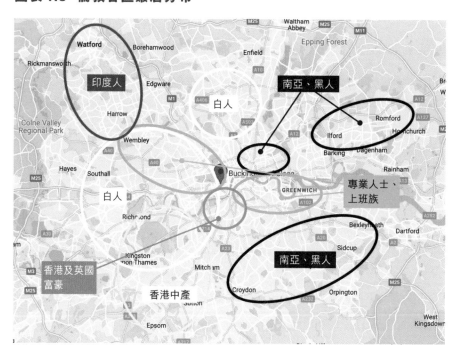

註：除了綠色圈以外，其他都是以家庭為主

資料來源：移民資訊平台Smart2go

校網及犯罪率等均影響樓價

筆者以曼城作為例子，教大家分辨用甚麼條件篩選物業所在地，因為在英國買物業，就算只相隔一條街，物業的價值都可以有很大分別，大家要小心選擇。

曼城為港人在英國第二最愛置業的城市，而且樓價只是倫敦的三分之一，所以吸引了不少以「BNO 5＋1」移民的港人過去置業買樓。雖然曼城為英格蘭西北部最大的城市，但實際面積只有倫敦的十分之一，而且打算投資置業的買家要留意，與倫敦不同，曼城某些地區，即使是位於同一個郵政區號，但只相隔一條街的距離，校網、樓價、犯罪率已經是完全不同，所以買樓的話，除了要看郵政區號外，亦要留意周遭鄰居的質素及會否有童黨問題。

曼城最為出名的校區為Altrincham，相等於本港九龍塘校網，學校亦很難考入，物業的價格亦十分昂貴。區內有全英國排名十名以內的私立及公立學校，包括Altrincham Grammar School For Boys及Altrincham Grammar School for Girls。三房的獨立屋，最少亦要100萬英鎊起跳，所以如果是為了讓子女考入名校，而家庭亦有充裕資金的話，這一區是自住較好的地區。

不過如果投資者想物色樓價較低水的地方，其實沿公路直上的M33/M23的樓價會較平，三房的排屋只要30萬至50萬英鎊。另外，郵政區號M9的布萊克雷（Blackley）亦是曼城投資性價比較高的地方，區內三房的獨立屋只需要10多萬至30萬英鎊，租金回報率可以有約6厘。

1.4
如何做好信貸部署

前文提及過，考慮移英的朋友 Buy To Let（BTL）的其中好處，是可以在香港承造英國的物業按揭，始終在香港有穩定的工作收入，銀行也熟悉自己的客戶，在審批按揭上會比較容易。

相反，如果到埗後才買樓及承造按揭，便要面對去到新的地方，是一個「新人」，銀行等信貸機構對自己並不熟悉，初到貴境甚至要再去銀行開戶口，也要慢慢建立自己的信貸記錄，甚麼事情也要從頭做起，審批按揭面對的難度和問題相對地會比較多。

然而辦法總比困難多，如果選擇到埗後才買樓及承造按揭，還是有方法可以幫助自己取得成功，只要好好部署，有助及早儲夠當地信貸分數，對於承造按揭或申請信用卡或其他信貸上的處理來說都是好事。

BTL等於自製英國被動收入

筆者2019年以30萬英鎊購入劍橋兩房排屋作為投資收租（BTL），當時沒考慮移民問題，只是純粹投資回報高，每月租金收入2,000英鎊，回報約8%，即使扣減出租中介代理（letting agent）費用及租金收入稅（income tax），實際回報仍有5%。

Buy To Let按揭局限正如早前篇章所言，物業只可出租，不可自住，即使是出租給親人亦不可以，銀行已假設業主不會向親人收取租金，因為銀行主要以物業預計租金收入作為批出按揭的條件。不過，在港以BTL方法買入第一間英國物業，對部署移英人士，個人認為不失為上車階梯，亦可作為以租養租的物業。

Buy To Let想自住，需要尋求銀行的同意，但並不保證得到允許，銀行甚至會提高抵押貸款的利率。但若隱瞞用來自住，被發現後隨時會被銀行call loan。其實當你在英國當地有穩定的英鎊收入，達到銀行要求後，是可以轉為自住按揭。大家不妨考慮移英前，用香港收入購入BTL物業，自製被動收入，兼立即開始在英國儲信貸積分（Credit Score，類似本港信貸評分）。當一兩年後閣下正式移英，即使未能立即入住BTL物業，但亦可在英國租住另一間物業，實行以租養租，變相減輕財政壓力。

筆者2021年移英後，因BTL物業房間不足，故在倫敦外圍Kingston區租住三房單位，計及BTL租金收入，每月實際租金支出只需補

貼多 300 英鎊。另一方面，當移英後找到合適地點打算長期居住，昔日買入的 BTL 物業，便可以作為換入心儀物業的重要籌碼。

積極建立信貸積分

如果決定不想隔山買樓，希望到埗後看過合適才出擊，那麼到埗後宜為按揭事宜做好準備工夫。筆者有位九十後朋友傑仔，在雷丁落腳後先居住 share house，然後隨即申請工作。很多人會堅持找到全職工作始籌備買樓，但礙於沒有實際經驗或本港相關資格尚未認證，未必能極速找到全職。傑仔建議就算是兼職工作，都可以「做住先」儲履歷，事關在英國職場，香港人白紙一張，透過兼職不斷累積經驗及人情世故，稍後更容易找到正職工作。

在英國承造按揭，只要有全職工作證明及數個月收入紀錄，已經可以向銀行遞交按揭申請。不過礙於初期收入未算高，要上車的話，很多時都要準備一筆高比例首期。傑仔在雷丁生活半年後即上車，買入價值約 20 萬英鎊公寓，付首期超過一半，按揭借貸則低於五成。

另一點要注意的是，買樓承造按揭，銀行會查 Credit Score ，太低的話不會接受申請，或者要付出較高按揭利率。因此到埗後，已經要開始建立信貸積分，以下是提高積分水平的捷徑。

1) 準時還款、做好自動轉賬

每月準時繳付賬單，包括水電煤費、市政稅（Council Tax）、電話寬頻費、信用卡卡數等，會被貸款方視為良好預測指標。最穩妥是設立自動轉賬（direct debit），每月銀行按時自動扣款，當然要確保戶口有足夠資金。

2) 申請信用卡

在英國申請信用卡不容易，尤其對於剛到埗、信貸評分較低人士。但坊間有一種專為儲分（credit builder)而設的信用卡（如AQUA、OCEAN等），較容易成功申請。每次申請信用卡/貸款，有關機構都會對你的credit report進行hard search，太多hard search會構成負面影響。申請信用卡前最好透過申請卡公司提供的eligibility checker做預批，這類屬soft check不會影響信貸評分。

3) 信用卡額度

如消費習慣保持穩定，且按時付清卡數，銀行隔一段時間會提升閣下信用卡額度。不要拒絕，因額度愈高、加分愈多，最理想情況是信用卡額度增至4,000英鎊，而簽賬額控制在總信用卡額度的1%至25%；如批出1,000英鎊額度，每月碌卡勿多於250英鎊，令銀行認為你不會過度依賴碌卡消費，並要每月全數還清，這對提升信貸積分大有幫助。

4) 保留戶口/勿過度開戶

英國銀行戶口歷史愈長、貸款方愈信任，尤其第一個戶口一定要保留，當戶口有六年紀錄，評分會進一步提升。另外，開設一個新銀行戶口會暫時降低信貸積分，最好每隔半年才開一個新戶口（包括扣賬卡戶口，debit card）。

5) 登記做選民

貸款方可以從選民登記冊驗證市民身份，確實姓名和地址相符，防止身份欺詐。同一個地址住滿年半會加分，住滿超過六年對評分最理想。

6) 定期檢查信用評級報告資料無誤

讀者宜定期透過三大信用評分機構（TransUnion，Equifax 和 Experian）檢查信用報告是否有任何不正確之處。如果發現錯誤，請提出並請對方更正。

1.5
租金收入與支出平衡考量

於英國買樓，要考慮的事情繁多，要好好計劃才能令自己的利益最大化。不少在英國已購入了物業的港人都表示，買入物業出租需要考慮累進的稅款，物業數量未必是愈多便愈好，因為如果擁有很多物業，需支付的高稅款可能大幅蠶食回報，所以需要好好平衡。

留意息率周期

筆者認識一位以 BNO Visa 移民英國的港人 Zoey，他們一家四口於 2021 年 7 月移民英國，Zoey 當時已變賣了所有香港家當及資產決心移英。在移民前，她與丈夫考慮到移民英國後，或無法即時找到工作，擔心沒有穩定收入下「坐食山崩」，香港帶過來的資金終會有一日花光，於是經過周詳的思量，在移民英國前已購入英國物業，落地後亦實現「一間變兩間」、「兩間變四間」，在當地有租金收入，令移民後的經濟壓力大為減少。

Zoey原本家住紅磡的半島豪庭，並在沙田第一城有收租物業，在2019年社會運動前，已有打算移民，其後英國推出BNO Visa政策，加上Zoey的丈夫曾留學英國，於是他們賣出香港所有資產，為移英作準備。

不少香港家長決定移英主要是為了小朋友的教育，Zoey表示，除了教育，還有個人前景及社會氣氛，因而決心「孟母三遷」並登陸英國曼城。她指，移民一年多後，雖然仍想念香港的生活及美食，但坦言並不後悔。

本身在香港有投資物業的Zoey，很相信磚頭價值可以抗通脹，畢竟香港的物業由買入及至賣出，賺了好幾倍，加上出租物業租金收入穩定，她亦希望在英國「複製」香港的收入模式。Zoey目前與丈夫持有四間英國物業，當中亦有fullpay（全數付款）及按揭貸款的物業。

以出租物業收入 換銀行借按揭

Zoey在移英前一年，即2020年以18.8萬英鎊買入位於曼城的首間英國獨立屋出租，每月租金為900英鎊，同年再賣走香港兩層物業，套現約2,000萬港元。

2021年舉家登陸曼城後，她馬不停蹄地睇樓，很快又看中了另一間獨立屋，樓價約19萬英鎊，她再以早前購入的出租物業向銀行申請抵押貸款，以租金收入作為收入來源證明，銀行再按同區同類型物業及租金，進行估值並批出借貸。

她指，當時銀行利率較低，並願意借出第二間物業樓價的七成按揭貸款，自己則付三成首期，由於當時不太懂得英國固定利率年期的操作，但是本著「借盡」貸款成數及年期，「錯有錯著」借盡七成按揭以及五年固定按揭利率大約2.3厘，並「完美避過」加息期，按揭在2026年到期才需要進行Remortgage。其後也有以現金購買以及申請按揭的物業，目前Zoey與丈夫各自持兩間英國物業。

需預留維修費

她指，香港及英國物業投資大不同，香港樓是用鋼筋水泥建築比較結實。英國部分物業有數百年樓齡，總有地方出現問題，尤其是香港人在英國人生路不熟，需要預留資金作維修費用。她分享指，曾將一間 buy to let 物業出租予香港人，到冬天時房門發脹，無法關上，自己因為擔心而找來技工將整道門「刨細」，但住久了才知道，因為當地冬天日夜溫差大，冷縮熱脹，令門脹大，到了夏天溫差收窄之後，門就會縮細，根本不用付費去「刨門」，現在門刨細了又出現門縫，得不償失。

另外，由於用現金購買物業，只是簡單做了初級的測量報告，其後發現因為屋頂有積水及滲水問題，令屋內有發霉情況，最後花了一筆費用維修，但是慶幸沒有含致癌物料石棉，否則得不償失。雖然投資物業也有遇過阻滯，但 Zoey 認為「無得諗返轉頭」，並指英國物業樓價及租金在過去一年有實際升值。她亦建議港人在未赴英國之前，可購入 Buy to let 物業，認為有被動收入會比較安心。

留意回報率和升值潛力

再為大家分享另一個例子。2019 年初次投資英國物業的 Leo，兩年前密密掃入六間英國物業。他表示自己並不打算移民，在香港也

從來沒有購買過任何物業，Leo本身是高收入的專業人士，年薪約七位數，一直是「租樓一族」，因應移英熱潮，人人談論投資英國物業，又發現英國物業入場門檻比港樓低，於是決定入場一探究竟。

10月份的英國一直下著毛毛雨，他親身飛去當地，在曼城一個星期內，一口氣看了近30間屋，由於是下雨天，更容易看到牆身滲水的問題。由於物業各方面硬件都不錯，上一手業主都保養得很好，所以Leo很快就做了一個決定，最終以12.4萬英鎊買入曼城M9的三房排屋，以2022年1月26日的估價已升至15.5萬英鎊，升幅25%。由於物業鄰近曼城的大型醫院，租客為醫護人員，他們會準時交租。

現時租金為800英鎊，賬面租金回報為7.7厘。因應通脹關係，根據Zoopla的租金估算，該單位租金已升至950英鎊，他亦預計新一年將會加租至850英鎊，加幅為6.25%，即租金回報再增至8.2厘，以目前估價計，回報亦有約6.4厘。他指，租金加幅不敢太大，主要是通脹亦令人生活不容易，但是又想令租客明白，業主是有意向加租的。

對於海外投資者「隔山買牛」，Leo表示，最重要要看post code，除了看回報率之外，要看地區的升值潛力，例如曼城M27 Swinton，以及M33的Sale都會升得比較快，價格都會比較強硬，留意地區最主要是看租客的質素，做海外的「包租公」最擔心的就是租客不交租金，於是他亦諮詢了中介意見，主打是租給本地有經

濟實力的家庭客，一來是交租準時，二來長租客，以免一年後又要
刊登招租廣告，又有空置期。 另外不要買太舊的樓盤，主要是維
修會影響整體回報率。

收租與交稅　平衡考量

筆者認識一位「80後」股票交易員黃小姐，她不炒股，選擇投資英
國物業，五年內連掃七個物業，2021年再以BNO Visa移民英國
蘇格蘭，在當地當起包租婆。

本身從事股票交易員的黃小姐，自言自己性格不適合長線投資股
票，因為對於市場消息敏感，令其持股最長只是三個月。她指因性
格問題，認為投資不動產這類需時出售的資產才較適合，令自己不
被市場影響，加上買樓既可代替債券收息、同時賺升值。

黃小姐2017年初次涉足英國物業，當時儲了一筆資金，但是香港
樓價太貴，加上海外收入可用作英國申請按揭，她便相約兩個朋友
前往曼城市中心睇樓，最終以18萬英鎊購入M1區市中心兩房公
寓，並承造75%按揭，每月租金約有950英鎊，賬面租金回報逾6
厘。

相隔一年，她又以 15 萬英鎊購入曼城 M4 區的兩房公寓，再次承造 75% 按揭，其後再以每月 800 英鎊出租。2019 年，她再斥 14 萬英鎊購入曼城 M6 兩房獨立屋，月租 700 英鎊。

她笑指，其實當時獨立屋比公寓平，但是以香港人心態去睇樓，一定買市中心公寓，好處是方便睇樓及管理，現在回頭看，自己確是「矇查查」。對於當時一年買一間曼城樓，黃小姐指，當年從事銀行業，起薪點約 2.6 萬港元，其後轉做「炒房」月入約 6 萬港元，靠的是自己「死慳死抵」每月儲起八成人工，又跟家人同住，每月支出可以節省不少，靠儲蓄上車。

其後，因為新冠肺炎疫情關係，曼城 M1 市中心公寓的租客欠租數月，在交吉後她決定轉戰場，2020 年開始涉足蘇格蘭樓，至今共買入 4 間公寓。

她指，因為本身承造了三層英國物業的按揭，加上 2018 年在香港買入自住樓，銀行「借爆數」。她當時儲了約 70 萬港元的資金擬「cash buy」物業，但是又怕陌生地方，於是她想起大學時曾到蘇格蘭做實習生，對其比較熟悉，在做了三個月功課後，又向當地朋友打聽，便膽粗粗以 7.4 萬英鎊購入格拉斯哥（Glasgow）東邊的兩房單位，由出價至收樓大約四至六星期，再以 580 英鎊出租。由於蘇格蘭樓成交期短及樓價低水，她在 2021 年 2 月以 9.3 萬英鎊購入自住的三房公寓連花園。

她亦分享，睇樓時是聖誕節的前後，為當地買樓的淡季，因為當地落大雪，放盤少，買家怕看不到屋頂及牆身結構，會有些猶豫，但是她決定迅速購入自住物業。其後她分別以4萬英鎊及4.6萬英鎊再購入兩個一房單位收租。

她指，在蘇格蘭，除非房屋是新興建的，否則賣方必須在物業放上市場之前聘請合資格驗房師驗房，並向有意購買的買家提供驗樓報告（Home Report），在蘇格蘭賣家是法定要做這份報告的，由於資料充足令她可以放心用現金購買。

對於日後會否每年買一個單位，已持BNO Visa移民蘇格蘭的黃小姐指，在英國賺錢沒有香港那麼多，又擔心租金收入超過入息最高級別，以免「白交稅」下，預期暫時未必再入市買樓。

1.6
買樓須證明資金來源

在香港,我們一般去買樓,首期如何支付都是由買家決定,不需要出示資金來源。但在英國則不同,在銀行的盡職審查上,銀行有機會要求買家出示購買物業首期的資金來源證明,所以事前宜做好相關準備功夫。

英國嚴防反洗黑錢

英國有一個反洗黑錢制度,根據the Money Laundering Regulations 2017,英國政府規定所有參與了房地產交易的人或機構,包括律師、會計師、銀行、地產代理等等,均有義務去核實買家的身份,以及資金來源,以防止不法人士透過買樓來洗黑錢。

通常買家在委任律師後，律師都會要求買家填寫一份有關購買物業資金的來源是從哪裡來的表格，而律師亦會要求買家出示相關證明以核實資金來源是否合法，包括存款紀錄、海外銀行的存摺等等。如果律師或銀行有進一步疑問，可能會再深入問買家一些問題，例如資金如果是來自存款，這筆款項是如何存得，每個月的工資、分紅等等收入，以審查買家的資金是否合理獲得。

有需要出示銀行月結單及投資紀錄等

至於資金來源查核的基本資料則包括買家職業、銀行存摺、銀行結單、保險紀錄、投資紀錄等等，所以為免銀行有所懷疑，海外買家最好於律師樓交妥資金證明的資料，而律師亦會給予買家指引，各機構需要甚麼資料來證明資金來源。

2

英國各區解密

2.1
掌握英國樓價及
租金水平

英國比香港大二百多倍，以面積來説，單單是倫敦計，香港只有其70%，計劃在哪一處「落腳」也不是件容易的事。筆者建議大家可以考慮一些實際因素，當中包括該區生活環境、人口結構、自己工作需要、治安、交通及校網等等，也為這些因素排列個人的優先次序，這樣便可以因應各城市的不同特質，選取更適合的城市移居，大大收窄考慮範圍。在眾多英國城市中，總有一些比較知名，也有一些比較多港人選擇移居，這章主要為大家介紹一下一些比較值得推介的城市，讓大家對選擇當地的一些「落腳點」有更清晰的方向。

在介紹個別城市之前，筆者先概述英國人口及房屋結構，讓大家對英國具體情況先有一點概念。

英國統計局（ONS）每十年進行一次人口普查（Census），對英國擁有長期簽證（六個月以上）居民的年齡、就業及居住等情況進行調查。對上一次普查於2021年3月開始進行，經過一年多的數據收集和統計，內容逐步公開。

上次人口普查只在英格蘭（England）和威爾士（Wales）進行，蘇格蘭和北愛爾蘭未有參與。所以筆者以下主要和大家分享一些英格蘭和威爾士2021年的數據。

圖表2.1 英格蘭和威爾士總人口

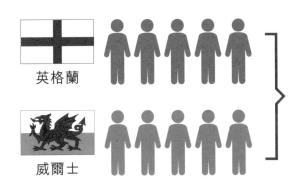

英格蘭

威爾士

2021年總人口：

5,959萬

V.S.

2011年總人口

↑6.3%（+350萬）

2021年，英格蘭和威爾士總人口接近6,000萬人（5,959萬），對比十年前調查多350萬人或6.3%。

圖表 2.2 英格蘭和威爾士家庭分布

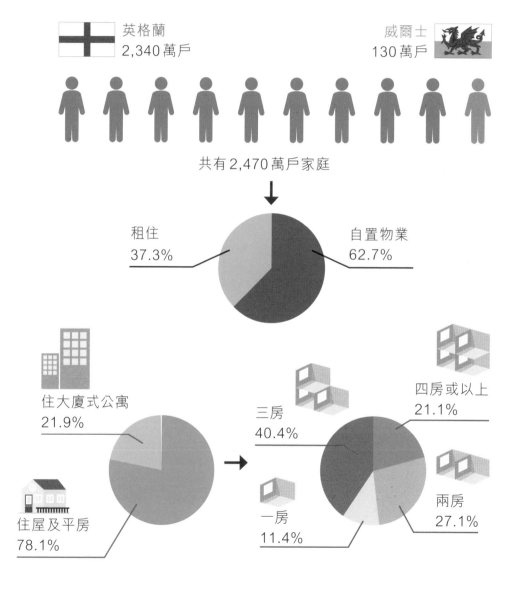

英格蘭
2,340 萬戶

威爾士
130 萬戶

共有 2,470 萬戶家庭

租住
37.3%

自置物業
62.7%

住大廈式公寓
21.9%

住屋及平房
78.1%

三房
40.4%

四房或以上
21.1%

一房
11.4%

兩房
27.1%

 ② 英國各區解密

英格蘭和威爾士共有2,470萬戶家庭（英格蘭2,340萬戶，威爾士130萬戶）。每十個家庭，近八個居於屋（House）或平房（Bungalow），另外兩個家庭則住在公寓（Apartments / Flat）。

1,930萬戶家庭（佔整體78.1%）居於屋及平房。主要分三大類：
· 獨立屋（Detached）：580萬戶家庭（佔整體23.5%）；
· 半獨立屋（Semi Detached）：780萬戶家庭（佔整體31.5%）；
· 排屋（Terraced）：570萬戶家庭（佔整體23.1%）

大部分港人居住的高樓大廈式公寓，在英國比例相對低。只有540萬戶家庭（佔整體21.9%）居住。

1,550萬家庭（佔整體62.7%）擁有自置物業，930萬家庭（佔整體37.3%）沒持有物業、入住租盤。

英國一般以房間（bedroom）數目判斷單位大細，以下是以房間數目統計家庭入住物業資料：
· 280萬戶家庭居於一房單位（佔整體11.4%）；
· 670萬戶家庭居於兩房單位（佔整體27.1%）；
· 1,000萬戶家庭居於三房單位（佔整體40.4%）；
· 520萬戶家庭居於四房或以上單位（佔整體21.1%）

英國人鍾情House

英國主流物業以屋型（House）為主，兩房及三房佔整體約三分二。雖然近年新建公寓數目增加，但不少土生土長的英國人仍鍾情有花園的半獨立屋，打趣指雖然單位閒閒地百年樓齡，但有足夠空間予小朋友玩樂，泊車相當方便，疫情後不少原居於倫敦公寓的家庭，搬入通勤城市（Commuter）換取更大空間及更好生活質素。

各區樓價和租金差異可以很大

揀落腳居住英國哪一區，撇除工作需要（視乎工作需要，住進哪一區方便返工，例如工種多在倫敦市中心找到的話，會比較傾向住在或住近倫敦範圍），最大考慮因素就是生活成本、物業價格及租金。

先說租金，不同城市的租金可以有很大差異。有關英國主要地區及城市最新各類物業售價及租金，大致上，如果夫婦兩人稅後可動用資金（take home pay）是4,000英鎊，在大倫敦區租住三房半獨立屋單位，月租平均超過2,000英鎊，在曼城隨時只需不到一半價錢便有同樣待遇。

② 英國各區解密

根據代理平台網站Zoopla 2022年11月資料（圖表2.3），倫敦新訂立每月租金為1,879英鎊，較曼城月租中位數928英鎊高出超過一倍。部分熱門城市如布里斯托（Bristol）及劍橋（Cambridge），新訂月租亦增至1,200英鎊及1,400英鎊水平，算是中高水平地區租金。當然，預算較緊的，會搬到利物浦或東北部的紐卡素，相關月租中位數約700多英鎊。

圖表2.3　港人熱門移居城市租金中位數統計

地區	新訂立每月租金中位數(英鎊)	按年升幅
倫敦市 (London)	1,879	17.0%
劍橋 (Cambridge)	1,431	10.5%
布里斯托 (Bristol)	1,254	12.9%
曼城 (Manchester)	928	15.6%
列斯 (Leeds)	859	11.0%
諾定咸 (Nottingham)	851	11.9%
伯明瀚 (Birmingham)	820	12.3%
格拉斯哥 (Glasgow)	813	14.1%
利物浦 (Liverpool)	717	9.4%
紐卡素 (Newcastle)	712	10.5%

資料來源：代理平台網站Zoopla2022年11月數據

英國統計局每月只會公布各大地區租金變幅,並沒有列出實際租金水平,所以上述資料只宜作為初步參考,貼市放租資訊最直接可在兩大樓盤網站Rightmove及Zoopla,按郵區查閱。

倫敦買一間樓 可於曼城買兩間

至於英國各大地區或個別城市物業最新售價水平,英國統計局則有提供相關數據。每月按各城鎮列出不同戶型的物業最新樓價,對於欲先租後住、打算移英的朋友,會有更大參考性。英國統計局一般逢月中會上載兩個月前的成交買賣紀錄,例如2023年1月中旬公布2022年11月有關數字。詳情可去以下網站瀏覽:

大家可以在英國政府網站找到英國各大地區或個別城市物業最新售價水平數據。

https://www.gov.uk/government/collections/uk-house-price-index-reports。筆者也抽取了部分數據整理了一些圖表,方便大家有個概念。

從圖表2.4可見,例如欲在外倫敦(市郊)買入半獨立屋,最新平均價超過68萬英鎊,同戶型在曼徹斯特(Greater Manchester)毋須27萬英鎊。這也是部分人所講,一間倫敦物業價錢,可以在曼城買入兩間。

較多港人移居城市方面,從圖表2.5可見,京斯敦(Kingston)及聖奧爾本斯(St Albans)半獨立屋平均價超過70萬英鎊,公寓平均價亦逾30萬英鎊,有關金額可以買入東北城市利物浦三間半獨立屋及公寓。

圖表2.4　英國主要地區樓價統計

地區	獨立屋 平均價 (英鎊)	半獨立屋 平均價 (英鎊)	排屋 平均價 (英鎊)	公寓 平均價 (英鎊)
英格蘭 (England)	495,804	302,583	259,045	254,485
威爾士 (Wales)	336,710	214,007	172,992	136,269
北愛爾蘭 (Northern Ireland)	270,991	169,956	122,673	129,230

地區	獨立屋 平均價 (英鎊)	半獨立屋 平均價 (英鎊)	排屋 平均價 (英鎊)	公寓 平均價 (英鎊)
蘇格蘭 (Scotland)	349,342	205,406	163,639	128,696
東南部 (South East)	715,949	438,846	341,154	230,464
西南部 (South West)	537,932	348,992	283,782	198,436
東北部 (North East)	281,615	166,012	131,920	101,431
西北部 (North West)	386,721	236,422	171,312	148,655
東英格蘭 (East of England)	566,524	377,386	307,791	217,105
約克郡和亨伯 (Yorkshire and The Humber)	348,284	212,944	168,913	136,246
西米德蘭茲郡 (West Midlands)	424,208	255,063	206,982	148,841

② 英國各區解密

東密德蘭 (East Midlands)	375,755	234,170	191,695	135,880
外倫敦 (Outer London)	1,086,029	683,355	529,531	350,448
內倫敦 (Inner London)	1,635,609	1,100,261	816,303	558,754
倫敦市 (London)	1,113,571	711,357	601,131	443,767
曼徹斯特 (Greater Manchester)	414,184	265,828	191,526	174,501
肯特郡 (Kent)	648,544	405,473	319,529	213,806
薩里 (Surrey)	1,013,779	577,020	456,309	290,171

資料來源：Office for National Statistics (ONS)2022 年 11 月數據

圖表2.5　港人熱門移居城市樓價統計

地區	獨立屋 平均價 （英鎊）	半獨立屋 平均價 （英鎊）	排屋 平均價 （英鎊）	公寓 平均價 （英鎊）
京斯敦 (Kingston upon Thames)	1,217,547	793,659	581,080	385,885
聖奧爾本斯 (St Albans)	1,228,316	749,319	549,023	332,886
劍橋 (Cambridge)	1,121,930	660,173	561,220	336,066
薩頓 (Sutton)	1,071,381	652,276	455,569	294,658
布里斯托 (Bristol)	712,475	463,019	385,294	270,459
雷丁 (Reading)	693,987	428,727	336,404	223,868
米爾頓凱恩斯 (Milton Keynes)	576,751	341,203	281,683	177,311
曼城 (Manchester)	441,483	302,060	227,976	194,585

伯明瀚 (Birmingham)	460,767	272,575	217,370	158,045
列斯 (Leeds)	460,818	266,621	203,077	157,828
沃靈頓 (Warrington)	459,805	264,531	210,655	147,228
利物浦 （Liverpool）	366,715	227,974	162,168	137,211

資料來源：Office for National Statistics (ONS)2022 年 11 月數據

圖表 2.6　部分英國城市樓價統計

地區	獨立屋 平均價 （英鎊）	半獨立屋 平均價 （英鎊）	排屋 平均價 （英鎊）	公寓 平均價 （英鎊）
肯辛頓 - 切爾西 (Kensington and Chelsea)	3,968,212	4,047,465	2,689,282	1,143,867
牛津 (Oxford)	1,007,248	624,252	488,057	300,292
布萊頓 - 霍夫 (Brighton and Hove)	890,734	576,142	511,556	344,084

地區	獨立屋 平均價 (英鎊)	半獨立屋 平均價 (英鎊)	排屋 平均價 (英鎊)	公寓 平均價 (英鎊)
愛丁堡 (Edinburgh)	777,463	478,185	384,064	250,270
坎特伯雷 (Canterbury)	577,472	382,330	319,628	204,559
卡迪夫 (Cardiff)	524,840	317,426	259,014	168,435
格拉斯哥 (Glasgow)	477,388	261,116	222,946	145,456
紐卡素 (Newcastle upon Tyne)	388,655	225,548	188,905	123,357
侯城 (Kingston upon Hull)	260,914	158,206	120,962	90,101
米杜士堡 (Middlesbrough)	267,003	151,373	107,556	79,528

資料來源：Office for National Statistics (ONS)2022 年 11 月數據

② 英國各區解密

無論是租金或售價，皆由最貴最高的倫敦擴散出去，除了少數城鎮可媲美倫敦（如牛津、劍橋等），愈北的城市，租金愈低、樓價相對較為能夠負擔。租金價格除了反映地域上差異，亦與治安、收入水平及天氣有關。

其他生活成本差異不大

除了租金樓價差距較大，大抵上其他生活成本如水電氣費用、超市日常用品或入油等，倫敦較其他中北部城市最多只貴一成，不會如樓價般有如此大落差。筆者遇過不少人初步在大倫敦或周邊落腳，但一年後已搬去中北部城鎮，未能融入當地社區是其一，住屋長遠開支反而是最大關鍵。如欲移英朋友，不妨先做好財政規劃，選符合自己預算的區域。

2.2
了解各區租金回報

買入物業作投資用途,收益可以分兩個層面看,分別是資產增值或收租回報。先從資產增值方面來看,據英國統計局數據,1995年英國半獨立屋平均價為 5.15 萬英鎊,到了 2002 年 11 月,平均價已倍升至 11 萬英鎊。十年後的 2012 年,平均價接近 17 萬英鎊,及至 2022 年,平均成交價已突破 30 萬英鎊。撇除英鎊期間波動,從資產增值角度,英國物業過去半世紀都是一項相當不錯回報的投資。

租金回報率約4%

那麼出租回報又如何呢?英國的平均租金回報率約 3.5% 至 4%。但計及稅務以及維修等開支,甚至找租務代理(letting agent)費用,相關回報隨時降至 2% 以下。2022 年適逢加息周期,定按息

率由不足2%飆升至超過5%，更加令以買入後租出（Buy To Let，BTL）回報趨零。如果純粹考慮中短期收租回報，宜揀選中北部城市，這些城市部分提供超過6%甚至接近一成回報。

大家可以參考以下租金回報範圍，作為評估買入物業出租的獲利情況：

0-3%：無利可圖可能性很高；
3-5%：平均收益率、利潤率偏低；
6-7%：高於平均值，屬良好標準；
7-10%：優秀；
10%+：很少見，通常只能在短期出租中實現。

個別城市租金回報較高

根據Track Capital追蹤英國1,350個郵政編碼區（Post Code）的市場價格，距離倫敦愈遠的城鎮，租金水平愈低，租務回報愈高。圖表2.7是十大租務回報最高的郵區編號，中部城市Nottingham（諾定咸）兩個postcode（NG7、NG1）以超過11%回報排首兩位，曼城及紐卡斯爾等城市緊隨其後，高回報地區的共通點都是附近有大學，以及不錯的校網，因此吸引到不少家長以較高溢價租住。

圖表 2.7 英國 2022 年十大最佳回報郵區

郵區編號	城市	物業平均叫價（英鎊）	物業平均叫租（英鎊）	平均回報（%）
NG7	Nottingham	170,278	1,598	11.30%
NG1	Nottingham	159,083	1,473	11.10%
BD1	Bradford	54,526	483	10.60%
M14	Manchester	205,102	1,721	10.10%
NE6	Newcastle Upon Tyne	134,641	1,104	9.80%
YO10	Yorkshire	286,470	2,328	9.80%
SA1	Swansea	140,001	1,073	9.20%
CF37	Cardiff	135,985	1,039	9.20%
SO17	Southampton	223,073	1,709	9.20%
YO31	Yorkshire	281,391	2,141	9.10%

資料來源：Track Capital

相反，回報最差的郵政編碼區（Post Code），大部分位於大倫敦範圍內，回報不足3%，例如Kingston。不過大倫敦及其周邊範圍，部分郵區仍錄得超過4%租金回報，例如仍屬通勤距離內的達

② 英國各區解密

特福德（Dartford）和羅姆福德（Romford），回報居然有5%以上，算是進可攻、退可守的收租地區。

圖表2.8 大倫敦區2022年十大回報最佳郵區

郵區編號	城市	物業平均叫價（英鎊）	物業平均叫租（英鎊）	平均回報（%）
DA9	Dartford	274,808	1,193	5.2
RM19	Romford	217,580	927	5.1
IG11	Ilford	329,241	1,375	5
RM8	Romford	343,608	1,419	5
SE17	London	515,062	2,076	4.8
SE28	London	306,806	1,221	4.8
RM9	Romford	350,135	1,397	4.8
N9	London	356,925	1,390	4.7
RM10	Romford	354,070	1,397	4.7
TW20	Twickenham	454,993	1,788	4.7

資料來源：Track Capital

圖表2.9　大倫敦區2022年十大回報最差郵區

郵區編號	城市	物業平均叫價（英鎊）	物業平均叫租（英鎊）	平均回報（%）
IG4	Ilford	659,997	1,112	2
WD7	Watford	817,952	1,451	2.1
W1	London	2,050,988	3,889	2.3
KT13	Kingston	680,956	1,330	2.3
SW3	London	1,790,064	3,532	2.4
NW11	London	890,463	1,822	2.5
SW13	London	1,160,781	2,423	2.5
N6	London	757,583	1,637	2.6
SW10	London	1,293,918	2,806	2.6
SW5	London	1,038,567	2,328	2.7

資料來源：Track Capital

 ② 英國各區解密

圖表2.10 英國2022年十大最差回報郵區

郵區 編號	城市	物業平均 叫價 (英鎊)	物業平均 叫租 (英鎊)	平均 回報 (%)
GU10	Guildford	675,577	1,075	1.9
HP9	Hemel Hempstead	1,173,312	1,944	2
IG4	Ilford	659,997	1,112	2
WD7	Watford	817,952	1,451	2.1
CM4	Chelmsford	685,863	1,257	2.2
B93	Birmingham	572,043	1,036	2.2
AL4	St Albans	630,017	1,181	2.2
KT13	Kingston	680,956	1,330	2.3
W1	London	2,050,988	3,889	2.3
SL9	Slough	851,315	1,708	2.4

資料來源：Track Capital

從租務回報看，買入物業出租還是可以考慮的。筆者建議，手頭上資金較充裕的，如遇到心水盤，就算出租回報低於五厘，也不妨以BTL形式購入，可視為中長線資產配置的一部分，並留待日後或有機會自住。

2.3
倫敦及鄰近熱門城市

要選擇英國的移居地，不少人都會首先考慮倫敦，可能是工作機會較多，也可能基於會較繁榮及方便。的而且確，倫敦與倫敦周邊的城市，都是港人比較熱門的選擇，在這些地方定居，會遇上比較多港人，比較同聲同氣，能夠互相照應。不過如果住在倫敦市中心，住屋成本可能會十分高，但如果住在一些倫敦近郊的地方，或者倫敦相連的地區，住屋成本便會相應降低，這也解釋了為何薩頓（Sutton）、米爾頓凱恩斯（Milton Keynes）及雷丁（Reading）等地方深受港人歡迎。

以下為大家逐一介紹這些熱門城市，也會找來筆者當地一些朋友現身説法，談談當地的實際情況。

十萬計港人透過BNO計劃移英，雖然落腳地散落各處，部分城鎮挾好校網及高性價比樓價因素，成為較多港人聚居點，不少地區更有「小香港城」之稱，其中薩頓及米爾頓凱恩斯都吸引了不少港人移居。

薩頓 小香港城

薩頓 (Sutton)

人口:
20.96萬 (2021年)

位置:
倫敦南面,屬倫敦第五區
(Zone 5)

平均樓價:
半獨立屋 (65.2萬英鎊)、
排屋 (45.5萬英鎊)、
公寓 (29.5萬英鎊)

租金中位數:1,650英鎊

London

Sutton

薩頓 (Sutton) 屬於早年KOL熱門推介落腳點之一,曾被選為倫敦最快樂的居住地方,亦是優質公立中小學學校的集中地,超過七成人口屬傳統白人,不少退休人士和家庭都選擇在此定居。

筆者認識一對80、90後夫婦，Willa及其先生在2021年7月到達英國，剛好朋友在Sutton有排屋空置，他們亦決定先租住，觀察後再決定之後的去向。

Willa不諱言，薩頓擁有大範圍公園及綠色開放空間，一種寧靜鄉村感覺，退休絕對一流，而日常生活所需在high street已經齊備，就算沒有車亦無礙。雖然Sutton屬倫敦市郊，但搭火車半小時已到達倫敦市中心，車費屬合理水平，靜中帶旺亦是加分的地方。

Sutton市中心有幾幢公寓，超過一半為港人居住，被區內人稱為Sutton第一城。Willa指區內港人凝聚力相當強，不定期會搞活動如「老友記茶聚」，往往是全家總動員出席，而區內團購活動亦頻密，high street已有三間珍珠奶茶舖，有一間是港人新開的。她同意在移民初期，人生路不熟，圍爐取暖、互相打氣是抗逆的重要元素。

樓價租金貴是大倫敦通勤城市的缺點，這點Willa也相當認同，亦是搬出去的原因。她指朋友2023年1月租住Sutton兩房公寓單位，月租達2,000英鎊，三房半獨立屋已經升至70萬英鎊。不過

② 英國各區解密

Sutton令部分港人意興闌珊的，是當地學位在僧多粥少形勢下，就算付出高溢價住近學校，但較好的公立小學及中學未有加位下，長期有長龍等候，甚至有些港人移民一年，子女等足一年仍未入讀附近學校，被迫要跨區入學。

除了Sutton，較多港人移居的地方例如Kingston、St Albans都出現學位不足致waiting list太長的情況。因此，並非住到最近學校就一定會即收，甚至乎同一家庭兩個小朋友不同校的情況，亦經常發生。如帶同小朋友移民，選擇好校區之餘，更重要是確保有學位，不妨向同區朋友及學校打聽。

米爾頓凱恩斯 適合有車家庭

米爾頓凱恩斯(Milton Keynes)

人口：
28.7萬(2021年)

位置：
倫敦北面，距離倫敦80公里

平均樓價：
半獨立屋(34.1萬英鎊)、
排屋(28.2萬英鎊)、
公寓(17.7萬英鎊)

租金中位數：1,360英鎊

新市鎮、多迴旋處，不少人到米爾頓凱恩斯（Milton Keynes，MK）後，都會感覺MK有點似香港將軍澳。家明的朋友2020年已落腳MK，然後翌年家明全家就跟隨到埗。家明坦言，MK整體規劃更似加拿大溫哥華，沒有所謂市中心，但每個區呈一格格發展，直至目前仍然向外擴展。

在MK搭火車，最快半小時就到London Euston站，但家明指火車票價偏高，單程約20英鎊，所以如往返倫敦返工，交通費會是一大考慮因素。可以的話，先取得駕駛執照才赴MK，日後生活無論是日常購物，或接送子女返學放學，都會較為輕鬆。

目前MK三房半獨立屋售價約40萬英鎊以下，相關租金大約1,600英鎊。家明指在大倫敦附近是難以以這個價錢買到相類似的物業，而重要的一點，MK學位尚算充足，就算要等亦等半年內就可以入讀，競爭較大倫敦或曼城個別城鎮為低。當然如區內MK10有一間outstanding（優秀）兼一條龍的中小學公學（state school）爭崩頭，但跨區情況不會如Sutton般嚴重。

雖然多了港人進駐MK，但分散不同位置，以家明目測，一半人口屬印巴中東籍、白人歐洲佔四成，真正港人或華人實際佔比約一成內。兩位小朋友就讀的學校，同班計及自己只有兩位港人，比重大約一成。

家明對MK最不滿的是餐廳水準不高及選擇太少，他用美食沙漠來形容，中餐館多數是外賣takeaway，質素偏低，而西餐則一般貨色，評級較好是印度菜，相信與當地人口結構有一定關係。不過，

隨著港人數目增加，當地大型連鎖超市亦增加中國食品及配料選擇，毋須去中式超市入貨。

在MK就業方面，多個品牌如Amazon、John Lewis及Adidas等，都於MK設置物流庫，聘用千計人員，因此家明指認識不少在MK落腳朋友，到埗後很快已在物流倉庫工作。而當地甚至全國亦甚缺I.T及工程等技術人員，吸引不少港人中產駐紮。

家明租住半年後，已經拍板買入MK 三房半獨立屋，他認為當地的住屋、教育、治安及生活配套，都配合有小朋友的港人家庭所需，交通則建議一定要有車才考慮。

② 英國各區解密

雷丁 (Reading)
簡樸的通勤地帶

雷丁 (Reading)

人口：
約 17 萬 (2021 年)

位置：
倫敦西面，距離倫敦
約 64 公里

平均樓價：
半獨立屋 (45.5 萬英鎊)、
排屋 (35.9 萬英鎊)、
公寓 (23.2 萬英鎊)

租金中位數：1,500 英鎊

位於倫敦以西的 Reading，其最大的優點就是近倫敦，但樓價比倫敦低。如果是搭 GWR 火車的話，只需要大約半小時，便可以由 Reading 去到倫敦 Paddington，至於駕車則要大約一個小時，所以近年吸引了不少人於 Reading 置業，特別是一些在家工作但有

時候要到倫敦工作的人。但買家要
注意，由 Reading 到倫敦的車費昂
貴，要十多英鎊一程。

筆者於 2021 年到英國探訪朋
友時，一位叫傑仔的朋友便於
Reading 定居，並打算在 Reading
置業。他表示自己不太想住在倫敦
附近，但又不想離倫敦太遠，所以
選了 Reading 這個地方，樓價較
低之餘，不論治安及環境都比倫敦

好。但他亦表示，Reading 亦都有一個缺點，就是很悶，沒甚麼
超大型商場，以及酒吧等亦不算太多。如果放假的話，他主要到
附近踩單車、郊遊，如果接受到簡樸的朋友，Reading 是一個不
錯的地方。

Guildford (位處 Surrey)
倫敦的後花園

Guildford

人口：
約8萬(2022年)

位置：
倫敦西面，距離倫敦
約43公里

平均樓價：
獨立屋(109.2萬英鎊)、
半獨立屋(53.6萬英鎊)、
公寓(31.2萬英鎊)

租金中位數：1,950英鎊

另一個比較宜居的地方，是不少港人都忽略了的Surrey，這個郡
的樓價比倫敦低，但整體環境、教育、生活配套等，都不比倫敦遜
色，當中最出名而又最大的市鎮便是Guildford。

火車至倫敦約40分鐘

Guildford其中一個賣點，亦是位於倫敦附近，火車的車程大約40分鐘，位於Reading的東南邊。不過，這區的樓價不便宜，當然與倫敦比，仍然相差很遠，但據2022年底的數據顯示，平均樓價約54萬英鎊。如果和Reading比較的話，在Guildford生活不會太沉悶，因為在市中心，大型商場及酒吧等都一應俱全，街上的商舖亦比Reading多。另一個比Reading好的是教育配套比較完善，區內有不少有名的中小學。

2.4
倫敦以外的選擇

上一章提及了不少倫敦或就近倫敦的選擇，這一章和大家談談其他倫敦以外但同樣深受港人歡迎的城市，如果大家不用必須到倫敦上班，例如在家工作或工種在其他城市也大有選擇的話，這些遠離倫敦的地方，住屋成本大大減低，不失為一些好選擇。

曼城 英國第二大城市 處西北部

到英國定居或者置業，除了倫敦外，位於英格蘭西北部的曼城，是港人另一個熱門聚居地。而曼城這個地方，即使對於未去過英國的港人而言，亦一定不會陌生，喜歡足球的必定知道曼聯；熱愛音樂的必定知道樂隊 Oasis。而貴為英國第二大城市，當中最著名的地區，是位於曼城西南部的 Altrincham 及 Sale，乘搭 Metrolink 只需要大約 20 分鐘，便可以去到曼城的市中心 Piccadilly（Greater Manchester），有大型商場、超級市場及唐人街等等。

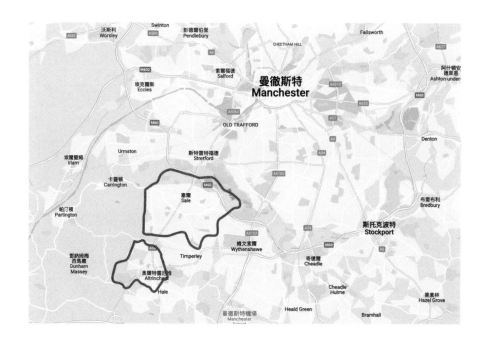

資料來源：Google map

Altrincham名校林立

Altrincham曾經連續兩年被英國泰晤士報評為英國西北部的最宜居城市，不少有子女但資金有限的中產港人，都會選擇這區定居，因為Altrincham的校網不比倫敦差，而且治安亦比倫敦好，所以吸引不少中產家庭前往這區居住。最出名的學校包括Altrincham Grammar School for Girls、Altrincham Grammar School for

② 英國各區解密

Boys 以及 Loreto Grammar School。這三間學校的名氣,不比位於倫敦的學校遜色,長期位於英國公立學校的首30名,帶動這區的教育質素位列全英第四。

筆者認識一位朋友Andy,2022年離開香港移居英國後,一家大細便定居在Altrincham。他表示當初決定去英國時,有五大考慮因素決定定居的地方,包括樓價、校網、安全、居住面積以及物業的新舊。他表示,有意於英國置業及定居的人,可以先排列這五大因素的重要性,而他自己最看重就是樓價、校網以及安全。

他表示,住倫敦雖然有名校網,十分適合有子女的家庭,但奈何資金不夠,所以首要條件是先看樓價,再選擇校網。他現時租住一個三房單位已經一年半,眼見區內租金一年內上升了20%,所以亦計劃於短期入市,預算約30至40萬英鎊的三房排屋,但這個價錢相信買不到新樓,而且一家四口,需要比較大的空間,所以在樓齡上退而求其次,不介意入手樓齡較大的物業。

另外,由於Andy有兩個女兒,所以校網就是第二重要的因素。他表示,英國一般公立學校的派位不似香港要靠面試及成績,這裡主要是看地段,住得愈近學校就愈容易派到,不論成績如何,高分及低分都會派往同一所學校,所以揀選物業時,住近學校亦是一個十分重要的因素。

不過Andy提醒,以曼城而言,大部分的名校都集中在Altrincham一帶,不過想要入讀中學名校的話,難度比較高,他直言:「中學

根本不會考慮插班的學生。」所以有意進軍Altrincham名校的話，一定要由小學開始計劃，這樣便可以順利上到名校中學。

因為英國中學派位亦是跟地區派，如果住得近而學校有學額的話，是一定會入校網內的學校。另外，英國沒有一條龍的做法，想入心儀學校必須要揀選校網，但由於現時中學學額緊張，即使位於校網內亦是幾乎不可能在中學插班，所以便要由區內小學開始讀起，派中學時便可以派到校網內的心儀學校。

Warrington 位處曼城和利物浦之間

至於另一個小鎮Warrington，距離曼城的市中心比較遠，駕車的話大約要30分鐘，環境比較像香港的沙田，算是一個衛星城市，樓價較低，所以近年亦吸引不少香港人於這個小鎮落腳。

② 英國各區解密

Warrington與Altrincham不同，是一個比較年輕的地區。近年開始多人認識這個地區，所以帶動了樓價上升。加上這區位於利物浦及曼城的中間，比較多工作機會，以及較多工種選擇。當中最為搶手的地區是位於東面的WA1，因為有Outstanding 的中學King's Leadership Academy Warrington，以及名校小學，吸引家庭客入住。至於WA4就是Warrington比較豪華的地區，樓價亦相對較高，如果想要樓價較低，而不介意比較遠離市區的話，可以選擇WA3，環境會更貼近郊區。

筆者另一位朋友Issac，於2022年底定居Warrington，並以25萬英鎊購入位於WA4區的排屋，兩層高，三房間隔。隻身前來英國的Issac，沒有家庭的負擔，校網不是要考慮的因素，所以最重要的是價錢，要住樓價比較低水的地區。他表示，自己現時只

是需要25萬英鎊，便可以擁有三房排屋，樓齡比較新，對比起Altrincham，樓價至少要30萬英鎊起跳，而且只足夠買入兩房的超舊分層單位，所以Issac認為年輕一族住Warrington的性價比較高。

另外一個吸引他的原因，就是這區夠「好玩」。Warrington位於曼城及利物浦之間，他表示，周末想去哪個城市玩都「就腳」，很適合「獨遊一族」。而且自己居住的地區，主要是以白人為主，這個環境亦令他經歷完全不同的生活文化。

Issac分享，英國文化注重鄰里關係，大家都很喜歡寫卡。自己入住單位時，亦都送卡予左鄰右里以打好關係。他記得在聖誕節期間，下班回家時，發現前門突然出現一個盒子，打開後是一個花圈，而且有一張卡，細閱後發現，原來是鄰居祝賀他入住這個物業後過的第一個聖誕節，特意為他準備的入伙及聖誕禮物。

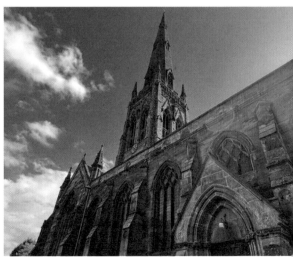

② 英國各區解密

Nottingham 位於英格蘭中部

位於英格蘭中部的Nottingham，2019年人口約33.2萬。Nottingham
是其中一個比較冷門，較少香港人去定居的地方，不過這城市亦獲
得英國《泰晤士報》評為2020年英格蘭中部最宜居城市，主要原因
是這裡的交通十分方便，而且人口較少，只有約33萬多人居住，
加上這區樓價較低，比整個英格蘭的平均樓價低25%左右，所以
對於資金有限的上車人士而言，是一個較易負擔的城市。

不過有不少人提及Nottingham的治安比較差，這區比起英國其他
地區來說，罪案率比較高，不過主要集中於Nottingham中部，
所以如果希望入手Nottingham物業而又想治安好的話，就要選
擇南部的小鎮，罪案率比較低，相對亦比較安全。如果買家真的
很擔心的話，其實可以於網上找到與罪案率相關的資料 (https://
crimerate.co.uk)，入市前調查心儀地區的治安環境。

圖表2.11 可以查找地區罪案率的網站

輸入想查找的地區的罪案率，如輸入Nottingham，然後再逐步查找

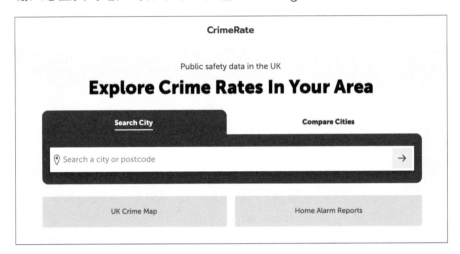

https://crimerate.co.uk

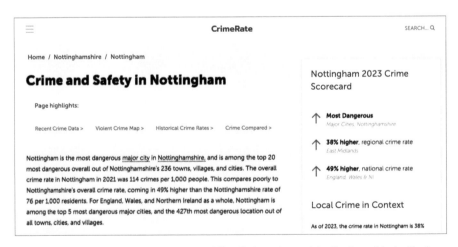

https://crimerate.co.uk/nottinghamshire/nottingham

② 英國各區解密

距倫敦個半小時車程

筆者朋友Destina，移英後原本於Reading租樓，不過她表示最終都是想買樓定居，於是在網上做了很多資料搜集，發現Nottingham這個地方，認為樓價比起南部地區倫敦等低很多，所以用了約25萬英鎊於Nottingham買入一個三層高三房的獨立屋予一家三口居住。她表示，自己及丈夫的工作都是在家辦公為主，所以對於地理上是否近市中心，都不是一個重要考慮。至於其女兒上課的地方，亦只是步行十分鐘左右。

Destina表示，在香港最怕自己變成怪獸家長，不斷逼女兒要學習不同的興趣班及補習班，但來到這邊便完全放鬆下來，可以隨女兒自己的想法及興趣去發展。不過Destina都提醒，Nottingham這個地方的罪案率的確比較高，所以當初她入市前亦都做足功課，知道哪些地方是比較安全，以及適合小朋友成長。

至於生活配套，巴士、火車及地鐵網絡都很完善，而且距離倫敦只是大約一個半小時車程，她坦言自己亦都經常與家人到倫敦遊玩。

3

地權問題解密

3.1
租賃業權與地租

在香港買樓的時候，相信大家都聽過地契是有一個租賃年期，現時的香港新盤物業大多是50年，而香港島有些較舊的物業，可能有999年（在香港俗稱是永久地契）。不過，其實在香港，基本上是沒有所謂的永久地契或者業權，因為所有土地都是由政府持有，而唯一一個永久業權的私人土地，就是中環聖約翰座堂，其餘所有土地都屬於租賃業權（Leasehold）。不過在英國則完全不同，在英國的物業買賣，可以分為租賃業權以及永久業權（Freehold），到底兩者有甚麼分別呢？

租賃業權(Leasehold)

根據英國案例 *Prudential Assurance v London Residuary Body*，法庭定義了 Lease 為「A contract for the exclusive possession and profit of land for some determinate period」。簡單而言，

租賃業權即是好像我們平常去租樓一樣，租戶支付一筆費用（租金），去換取在一個土地上的居住限期。而港人最熟悉的就是「一年死約，一年生約」。租賃業權的意思其實亦都類近，只不過租賃年期比較長，可以是50年、100年，甚至999年。在英國，這類租賃業權的物業，大多是公寓，即是所謂的「Flat」，租賃年期由99年至999年不等。而這類公寓，通常由私人業主持有土地，然後在土地上發展物業再分售出去，而這個售價，其實就是一個租金，可以確保「買家」於租賃期內有自由享用土地的權力。

業主會收取地租

不過，即使有享用土地的權力，租賃人其實每年亦都要支付地租（Ground Rent），而香港政府作為大業主，每年收取的地租是物業應課差餉租值的3%，所以香港買樓的話，地租其實不是一個重要的考慮因素。不過，英國土地擁有者眾多，每個地主所收取的地租都不相同，金額分別可以很大，有計劃購入租賃業權物業的買家需要考慮清楚。雖然英國於2022年進行地租改革，以保障買入租賃業權的買家，但要留意並不適用於所有租賃物業，以下會逐一講解。

英格蘭目前約有450萬租賃業權的物業，當中包括69%的公寓（Apartment）和31%的別墅（House）。據估計，Leasehold業主

平均每年交約319英鎊地租。租賃業權物業最為人詬病的是有部分發展商為了「賺盡」，在出售物業時，在地租合約中附加魔鬼條款，收取不定額地租（Variable Rent），地主根據樓宇價值升幅或通脹遞升，或者每隔10年、20年或25年加價一倍。

英國土地是少數寡頭壟斷，根據《衛報》2019年的報道，英格蘭一半的土地由不到1%的人口所擁有，英格蘭人口逾5,500萬人，但是地主只有2.5萬人，包括英女皇、英國貴族、大企業例如James Dyson等亦是大地主。

撰寫《誰擁有英格蘭》兼環保人士Guy Shrubsole估計，貴族及士紳擁有英格蘭約30%的土地，但數字可能被低估了，當中英格蘭和威爾士約17%的地主仍未在土地註冊處申報，部分可能由於貴族家庭已擁有了相關地權數個世紀。另外有18%為公司企業持有、17%為寡頭及銀行家等。

三種方式收取地租

收取地租的幾個方式，其中一種是象徵性收取地租（One peppercorn Rent），即是小額地租，每年只需繳交一粒胡椒的租金，例如少於10英鎊的定額地租。地主不會收取高昂的地租，每年只徵收一粒胡椒的地租，是要維持 Landlord ― tenant law 的合法性，並排除租客因長期佔用下逆權侵佔而喪失土地擁有權。

③ 地權問題解密

另一種是定額地租（Fixed Rent），即是每年支付不變的地租，這亦是除Peppercorn Rent外，較吸引的支付地租方式。此外，還有一種就是上文提到的不定額地租（Variable Rent）。近年英國媒體對此窮追猛打，因為是可變動的地租，即是地主根據樓宇價值升幅或通脹遞升，或者每隔10年、20年或25年加價一倍。

早年發展商新樓徵收的地租每10年翻一倍，假設最初的地租為295英鎊，而按租約規定，每10年加一倍，第50年之後，地租金將加至每年 9,440英鎊，換句話說，即高出原來地租超過30倍，近年銀行都對地租急增的物業，在審批按揭申請時未必批出，從而衍生地租改革。

不少購買了租賃業權業主因這些不公平及毫無根據的地租條款，被迫支付昂貴的雙倍地租，更令到其物業失去二手市場，亦沒有銀行願意承造抵押貸款，物業價值因此大跌，英國傳媒形容，中伏的業主「被困於」無法出售房屋之中。

在輿論壓力下，2013年成立的英國競爭及市場管理局（Competition and Markets Authority,CMA）終於出手，2020年9月向四間發展商採取執法行動。2022年3月，當局宣布有15間企業（包括發展商、投資公司，多個房屋協會等）向CMA承諾向逾3,400名承租的業主，取消地租價格翻倍的魔鬼條款，地租金額將維持在首次出售房屋時的相同租金。

推地租改革杜絕收取高地租

2022年英國政府正式頒布最新法案《The Leasehold Reform (Ground Rent) Act》，自2022年6月30日起，在英格蘭和威爾士購入Leasehold將免去地租。地主將被禁止向未來的承租人收取地租費用，令房屋的隱藏收費及使用權更加透明，如違反該法案，收取地租的地主最高或被處罰達3萬英鎊的罰款。

新的免收地租條款，暫時不適用於蘇格蘭及北愛爾蘭，並只對2022年7月新法條生效後，購買新租賃物業的買家，以及現有租賃物業業主延長合約才享零地租。新法案不具有追溯效力，不會廢除現有租賃業權應付的地租。不過政府正就現有租賃業權免繳地租制訂補充條款，惟估計需要數年時間才能生效。

現有的租賃物業業主，仍可以透過延長地租年期更新合約，令地租減至零，但法律程序隨時以年計及涉及相關費用（動輒數千英鎊），筆者認識的兩位租賃業權業主，都表示寧等政府修例而不會貿然延長地租合約，目前仍要繳付每年約200英鎊的地租。

值得留意的是，另有部分物業在這次新法案中是未能受惠的，例如屬於商業物業的租賃、家庭融資租賃計劃及社區住房的租賃。而共享業權(Shared Ownership)的租賃物業，會按其業權擁有的比例退還租金，只有將業權提升至100%，才無需支付地租。

③ 地權問題解密

地租禁令對於養老院的租賃物業的規管，則在2023年4月1日才生效，原因是退休物業的發展商需要更長的時間來過渡及改善系統，因為過去大多以地租來支付公共空間和設施的修繕，他們需要更多時間來過渡。

另外，這次的租賃改革，亦都禁止了地主收取行政手續費，變相地主不能夠借行政費之名收取地租。

圖表3.1　英國的地租分為三類

名義地租 (Peppercorn/Nominal Rent)	大多定義為每人收取少於10英鎊的地租，或是Peppercorn Rent。
定額地租 (Fixed Rent)	於租賃年期內每年收取一個定額地租。
不定額地租 (Variable Rent/Escalating)	可以根據通脹指數去訂立每年的地租；亦可以是每隔10年或25年後收取雙倍的地租。

圖表 3.2 Leasehold Reform (Ground Rent) Act 2022 部分節錄內容

Leasehold Reform (Ground Rent) Act 2022

1. Permitted rent: general rule

    1) This section applies to a regulated lease, other than a regulated lease to which section 5 or 6 applies.

    2) The permitted rent is a peppercorn rent.

    3) In this Act a "peppercorn rent" means an annual rent of one peppercorn.

18. Administration charges for peppercorn rents

2A(1). No administration charge is payable for, in connection with or in respect of, the payment of a relevant rent.

③ 地權問題解密

高地租會影響按揭

雖然政府新立例規管了地租的金額，但於條例立法前的物業，仍會被業主收取地租。如果這類物業的地租金額過高，則有機會影響到物業的按揭。

通常在英國，如果每年地租金額高於250英鎊，或者在倫敦核心地區每年地租超過1,000英鎊的話，部分銀行不願意承造按揭，因為這類租約會被視為「Assured Tenancy（保證租約）」，這類租約會

視為一個比較長期的租賃合約，保障租賃人有長期使用土地的權力，但如果租賃人進行非法活動、欠交地租等等，均有機會被地主趕走，所以大多數銀行都會認為這類高地租的物業風險會較大，所以拒絕批出按揭。

買家須留意 Marriage Fee

另外，雖然政府新立例規管了地租的金額，但買家於買樓之前，亦都要留意另一個費用，就是「Marriage Fee」。而這個費用，亦都解釋了為何英國的物業租賃年期降至愈接近80年這個期限，物業的價值便會愈低。

這筆費用其實是根據「Marriage Value」去訂立，這個Marriage Value意思是指物業於租約到期並延續後所具有的價值。而如果物業的租賃年期少於80年的話，租賃人就要向地主支付物業Marriage Value一半的費用，而這個費用就是Marriage Fee，是一筆龐大的費用。所以買家於購買公寓時，亦要留意物業的租賃期還有多久。

至於物業租賃到期的話，根據The Leasehold Reform Housing and Urban Development Act 1993，如果租賃到期的話，持有租賃物業兩年或以上的Leaseholder可以申請續租90年並減免地租，不過，續租時，Leaseholder需要支付一筆補償金予地主。

③ 地權問題解密

3.2

租賃業權與管理費

英國買租賃業權（Leasehold）物業的最大伏位，就是管理費
(management fees or service charges)無止境急升。一位買入
租賃業權物業的業主申訴被發展商當作「水魚」，管理費五年間暴
增5成，所以買入這類物業時，一定要考慮管理費這因素。

無論管理費或服務費，英國大致與香港相若。業主或租戶要為其住
宅相連的公共空間維修及相關服務（收垃圾等）而支付費用，當然
如公寓提供禮賓管家服務或有會所泳池及健身室等設施，管理費亦
較高。

小心管理費拾級而上

根據ARMA（住宅管理代理人協會）估計，倫敦區平均管理費約為
每年1,800至2,000英鎊，其他主要城市平均水平則接近1,500英
鎊。

理論上，服務費並沒有上限，業主必須證明費用與所進行的任何工程或服務有關。惟過去幾年，英國公寓物業每年管理費加幅驚人，動輒超過一成。2022年筆者收到有英國業主投訴，指居住的物業管理費五年暴增五成，猶如供第二個按揭，令他始料不及。

筆者向英國的發展商朋友提及訂立物業管理費的準則，對方笑言，當然是維持公家地方的管理，有設施會所才有賣點，逾千伙的項目，攤分比例上會比較平，但他坦言有部分發展商在起樓時估算管理費及實際收樓時有落差，以及通脹等因素下，或需要調整收費，若是永久業權（Freehold）的話，就各家自掃門前雪，不用交管理費。

外牆維修費負擔不輕

管理費持續增加亦算是一種信號，甚至影響物業承造按揭及日後轉售，以下舉出的例子，便顯示出一個致命的問題，就是物業外牆的防火問題（欠缺防火Cladding），如果物業外牆防火不符合資格，未能持有EWS1表格（The External Wall System form），發展商或會因為日後要取回EWS1，而要對外牆進行大維修，因而狂加管理費。

以下是一宗活生生的例子：

2021年英國大型發展商Ballymore位於倫敦金絲雀碼頭的項目New Providence Wharf（簡稱NPW，Post Code：E14 9PB）發生

大火，有居民需要送院治理，更引發居民示威，投訴管理費、服務費不斷增加的同時，物業存在結構性問題，部分座數的單位被證實不合乎最新的標準，有易燃的風險，或無法承造按揭而轉售困難。

筆者收到該業主協會的投拆，指Ballymore近年大幅增加管理費，2016至2021年間，五年增幅達53%。NPW 2020至2021年度的管理費為每月每呎1.26英鎊，每半年繳交一次。以463呎一房單位為例，每次需要支付約3,500英鎊，平均每月583英鎊，猶如供第二個按揭。管理費用不斷增加，其中最大原因是外牆含易燃物料，維護費用不菲。

早在2017年的格倫費爾塔（Grenfell Tower）大火，造成72人死亡，大火後衍生出不少後續問題。英國政府在2019年推出EWS1表格，即是18米或以上樓高的建築物，都須經過防火檢測，包括外牆審查，才可以被買家承造按揭。這意味著，2019年前的沒有EWS1表格的物業，只可以全現金買入。

不幸地，2005年NPW的第一期落成，當時並未有EWS1表格的規定，作為發展商的Ballymore「樓已賣出」，當然不想負責龐大的維修工程費用，早些年Ballymore向業主表示NPW拆牆費用約250萬英鎊，堅稱自己會承擔50萬英鎊，其他由業主自付。及至2021年大火後，發展商確認拆卸工程需達1,160萬英鎊，政府已批出800萬英鎊的建築安全基金（Building Safety Fund），扣除

發展商的50萬英鎊，業主需要支付310萬英鎊，費用將計入每半年徵收一次的管理費之中，這亦是管理費一直增加的原因。

保險費及通脹成加價原因

至於其他Leasehold的物業（主要是apartment），無論是倫敦或其他城市，近幾年都以每年10%以上升幅攀升，過去一兩年升幅加劇，一大原因是保險費用急升超過兩成，連帶通脹等因素，成為管理公司「狂加」的藉口。

近年不少香港發展商都在倫敦市中心周邊興建多層式公寓，管理費亦絕對不菲。如長實近年在倫敦開售的項目，每年每呎管理費6至7元英鎊，以千呎單位計算，每年管理費約7,000英鎊。2021年有調查發現，最令leasehold業主感到困擾的，就是管理費開支飆升（佔調查的26%）。

應對加價 四招自保

另一個朋友居住倫敦Zone 3近百年歷史公寓，合共五層共十伙。每半年支付一次管理費及服務費，合共2,500英鎊，即一年交5,000英鎊。其中一半是管理費，一半用於建築物維護成本，相關

3 地權問題解密

費用過去三年都按年加約一成，成為供樓之外另一大開支。

對於管理費收費太高，是否真的無可奈可？以下是一些措施自保。

1）成立「管理權」公司：如果物業有永久業權（freehold）持有人，而且獲得超過 50% 的其他 leasehold 持有人支持，只要滿足以下三個條件，就有權通過設立管理權 (RTM) 公司來管理自己的財產。

    A）該物業有最少兩個單位
    B）三分之二（或更多）的公寓有長期租約（通常超過 21 年）
    C）物業至少 75% 的用途是住宅

2）撤換管理公司：如果對物業管理不滿意，可以要求法庭任命一名新經理，但你必須證明目前管理不善，隨時要上庭申訴，涉及的時間及成本亦不菲。

3）leasehold 業主有權要求管理公司提供一份摘要，説明費用如何計算出來、花費在甚麼地方，以及要提供收據等文件。

4）可以透過 Leasehold Advisory Service（LAS）取得免費獨立建議，或可以使用調解服務來與業主達成協議。

要執行以上這些自保措施，還是比較需要花費心力及時間，要達到自保成效實在不容易，不過在英國買租賃業權物業，便無可避免要面對管理費的問題，要預備這方面的開支，這也是為何部分買家還是較傾向買入有永久業權的物業的原因。

3.3

永久業權和滯空業權

永久業權與租賃業權最大的分別，就是永久業權物業的業主或地主，不需要支付管理費及地租等等費用，而且因為業權是永久，物業或土地的使用限制比較少，只要是符合法例如Building Regulation及Planning Permission的話，地主可以任意去建造自己心目中的Dream House。

釐清有沒有額外契約責任

不過，永久業權物業最大的問題，就是買家必定要先查清楚，上一手的地主有沒有與其他人簽訂一些契約，法律上叫做「Freehold Covenants」。這類契約主要分為兩類，第一種是「Positive Covenants」，而另一種則是「Restrictive Covenants/Negative Covenants」。

這類契約列明了永久業權業主的責任、義務及限制。當中 Positive Covenant 即是列明了地主責任，Restrictive Covenant 則是禁止地主做某一些事情。舉例而言，M 買了一個永久業權物業，與鄰居 V 簽定了契約，並列明了地主是有責任去維修及保養大屋前面的馬路，這個就是 Positive Covenant，即是附加了地主一些需要履行的責任。而這個契約，亦禁止 M 把土地作商業用途，這個就是 Restrictive Covenant。這類契約，有機會會隨著業主的轉讓而轉移至下一手的業主，法律上我們稱為「running with the land」。

契約責任有機會轉移至新業主

簡單而言，根據英國古老的案例 *Austerberry v Oldham Corporation*，Positive Covenant 的責任不論是在法律上或者是在衡平法上（the burden of a positive covenant will not run with the land either at law or in equity），均不會因土地業權轉讓而轉移至下一手的業主，但當中是有某些例外情況，這個就要咨詢律師了。至於 Restrictive Covenant，根據案例 *Tulk v Moxhay*，如果某些條件達到的話，這個限制是會在衡平法上，隨著土地業權轉讓而轉移至下一手的業主（if certain conditions are met, the burden of a restrictive (negative) covenant will run with the land in equity）。

這類有關契約的問題，到底責任及限制會否隨著業權轉讓而轉移至新一手的業主，其實是十分複雜的法律問題，而且亦有很多個別例子及複雜案例，買家不太需要了解中間的運作，因為這個是律師的責任，所以買家必須要主動向自己的律師查問，到底所購買的永久業權物業有沒有Freehold Covenant的問題。

滯空業權(Flying Freehold)

滯空業權是永久業權，是指當兩個物業有相連結構，其中一個物業的一部分懸空在另一個人的土地或物業上，上層的物業結構擁有者不會擁有下方的物業或土地的業權。例如有物業結構懸空在公共通道的上方，或者延伸到其他人的土地上方，這類便屬於滯空業權。

這類業權最大的問題其實是維修，因為物業下方如果是私人土地的話，維修工程有機會要進入別人的土地才可進行，即是要得到下方土地業主的批准，才可以進行工程，所以有被地主拒絕或要收費才批准進行維修的風險。所以這類物業，很多時都有機會於早前已經簽訂一些契約，去保障雙方的權利。

③ 地權問題解密

4

買樓的盡職審查解密

4.1

如何將物業大起底？

大家計劃買英國樓時，第一步會於網上找放盤，值得注意的是，這些放盤大多數沒有列出確實的地址，通常只會提供某個區號，或處於哪條街道，或物業的大概範圍，所以如果要自己為物業做一番審查才決定是否睇盤或買入的話，第一步必須先找到物業的確實地址。要從樓盤的僅有資料找出樓盤的實際街號及區號，是有方法的，以下會教大家如何查找出物業的確實地址，也會一步一步教大家如何為物業做「盡職審查」。

STEP 1 第一步：於 Rightmove 上找到物業的確實住址

買家可以先在 Rightmove 網站上找到自己想查看的物業，以圖表 4.1 的物業為例，我們在網站看到物業位置的資料只有

  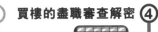

「Greengate, Hale Barns」（紅框示），如果點擊「See map」的話，可以於地圖上找到物業的位置，但如果想要知道確實的街號及郵政區號的話，這些資料地圖上均不會顯示。

買家因此需要往下拉，並找到圖表4.2顯示的「Property Sale History」。

圖表4.1 Rightmove 物業資料只顯示大概地址

← Back to search results

📷 1/33

| Greengate, Hale Barns | ⊙ See map |

Offers in Region of
£800,000 ⓘ

🖩 Monthly mortgage payments　　　　　　　Added on 09/01/2023

PROPERTY TYPE　　　　　BEDROOMS　　　　BATHROOMS
🏠 Detached Bungalow　　🛏 ×3　　　　🛁 ×2

圖表 4.2 以區內物業的成交紀錄推斷物業的確實地址

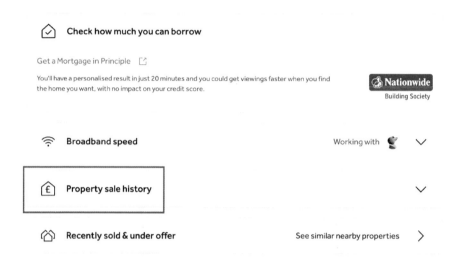

展開後便可以看到物業的成交歷史（圖表4.3），並且點擊「Go to nearby sold prices」。

圖表 4.3 點擊 Go to nearby sold price 查看鄰近物業的成交紀錄

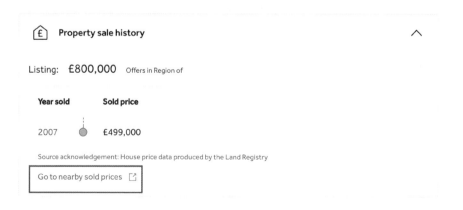

買樓的盡職審查解密 ④

然後便會開啟新的視窗，並顯示位於物業區號附近的成交資料，以
這個「Greengate, Hale Barns」為例，於圖表4.3所顯示的資料，
是物業於2007年以49.9萬英鎊成交，所以於新開啟的視窗中，找
到與資料符合的物業成交資料（圖表4.4），見到於2007年9月，
有一宗49.9萬英鎊的成交個案，與放盤的資料符合，所以便會知
道放盤的確實地址為38 Green Gate, Hale Barns, Altrincham,
Great Manchester WA15 0RR。

圖表4.4 以物業過往成交價推斷物業的地址

34, Green Gate, Hale Barns, Altrincham, Greater Manchester WA15 0RR
4 bed, detached

£500,000	19 Nov 2014	Leasehold	
£165,000	2 Dec 1996	Leasehold	

No other historical records

23 📷 ⊟

43, Green Gate, Hale Barns, Altrincham, Greater Manchester WA15 0RR
5 bed, detached

£580,000	9 Nov 2007	Freehold	
£385,000	7 Oct 2004	Leasehold	
£305,000	16 Jul 2003	Leasehold	+ 1 extra record

4 📷 ⊟

38, Green Gate, Hale Barns, Altrincham, Greater Manchester WA15 0RR
3 bed, detached

£499,000	14 Sep 2007	Leasehold

No other historical records

9 📷 ⊟

但不是每一個放盤，都可以順利找到物業註冊的紀錄，因為土地註冊是由1993年開始實施，所以如果上一手業主是於1993年之前進行交易的話，就會找不到物業註冊的資料。如果遇到這種情況，就只有律師的查冊，或者要聯絡代理去查問相關物業的資料。

而另一種情況，如果物業是全新盤、一手的交易，發展商未必會把物業的放盤資料在土地註冊處上登記，即是有可能會延遲登記；即使是二手樓的成交，亦會有延遲的情況，未必會於土地註冊處上找到資料，例如註冊地是倫敦的話，註冊的時間大約是六至九個月。

另外，在Rightmove上，代理或者業主亦會放上物業的照片以及間隔，買家可以從這些照片，初步評估物業內櫳環境、花園、房間等等的質素。

STEP 2 第二步：查找物業的能源評級

如果成功找到物業的地址，下一步便是要進一步查找物業的基本資訊，先說說物業的能源評級。為何要找物業的能源評級呢？因為物業的能源評級愈好，其市場價值愈高，再者，英國冬天很凍也很長，能源評級好的物業，保暖效果較好，對市場的買家來說吸引力愈大。

買樓的盡職審查解密 ④

要查找物業的能源標籤，大家可以到「https://www.gov.uk/find-energy-certificate」這個網頁，並於「Find an energy certificate」下面，找到「Start now」的按鈕並且點擊（圖表4.5）。

圖表4.5 於政府官網可以查看物業的能源報告

Find an energy certificate

Find an energy certificate for a property in England, Wales or Northern Ireland. This includes homes, business properties and public buildings.

This service is also available in Welsh (Cymraeg).

There's a different service to find an energy certificate for properties in Scotland.

You can use this service to find an existing:

- energy performance certificate (EPC)
- display energy certificate (DEC) for a public building
- air conditioning inspection certificate and report

If your property does not have an energy certificate or it has expired, you can get a new energy certificate.

You can search for a certificate by postcode, street name and town, or certificate number.

Start now >

Related content

Get a new energy certificate

Buying or selling your home

Energy Performance Certificates for your business premises

然後選擇物業的種類，是屬於住宅物業（domestic property）或是非住宅物業（non-domestic property）（圖表4.6），按下「Continue」。

圖表 4.6 揀選是住宅物業或是非住宅物業

然後輸入郵政區號（圖表 4.7），以剛才的例子是「WA15 0RR」，並按下「Find」。

圖表 4.7 輸入物業的郵政區號

之後再找到物業的街號（圖表 4.8），便可以確實知道這一間屋的能源標籤。

買樓的盡職審查解密 ④

圖表 4.8 揀選物業的地址

3 EPCs for WA15 0RR

If your property does not have a valid EPC, you can get a new energy certificate.

Address	Energy rating	Valid until
34, Green Gate, Hale Barns, ALTRINCHAM, WA15 0RR	E	2 July 2024
38 Green Gate, Hale Barns, ALTRINCHAM, WA15 0RR	C	17 January 2033
45, Green Gate, Hale Barns, ALTRINCHAM, WA15 0RR	C	13 October 2024

在圖表 4.9 中，大家可以見到能源標籤中有一個「Vaild Until 17 January 2033」，因為這些能源標籤的有效期通常都是十年為一個周期，所以最好的做法，便是當大家賣屋的時候，於放盤之前登記這個能源標籤的報告，否則如果代理或者專業人士找不到報告的話，便不會把這個物業推出市場，除非是一些翻新的物業才會考慮沒有登記能源標籤的放盤。如果買家見到有放盤是沒有登記能源標籤的話，便要十分小心地看待這個放盤，向代理或者業主查詢，如果最終仍是沒有方法獲得能源報告，最好的做法是放棄這個放盤，不予考慮。

我們可以由能源報告中看到，這間屋的Energy Rating是C，亦可以見到物業的種類，是屬於獨立屋，以及物業的面積是160平方米。另外在左手邊的Certificate content，亦有三個部分大家是要留意的，包括Energy performance rating for this property、Breakdown of property's energy以 及How to improve this property's energy performance（圖表4.9）。這些都是買家要仔細留意的地方。

圖表4.9 獲得能源報告以及物業的資料

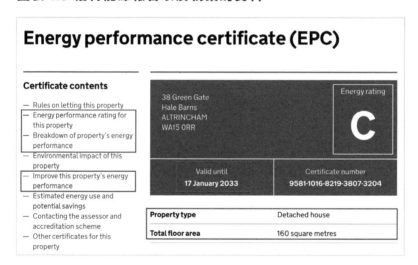

在Breakdown 的部分，可以看到這個物業的狀況是怎樣（圖表4.10），當中最主要是要看Main Heating 以及Hot Water。而如果評級是在Average以上的話，於未來十年內，都不需要把物業大幅維修以及改裝，是位於可以接受的範圍。另外，在Energy Efficiency Rating的部分，如果是C級（圖表4.11），大家亦不用

太過擔心，因為在英國，接近九成的物業的評級大致上都是落在C
至D級，除非是一些新樓，或已經重新改建了的物業，才會有機會
上到A或B的評級。

圖表4.10 物業各部分的評級會於能源報告中顯示

Breakdown of property's energy performance

This section shows the energy performance for features of this property. The assessment does not consider the condition of a feature and how well it is working.

Each feature is assessed as one of the following:

- very good (most efficient)
- good
- average
- poor
- very poor (least efficient)

When the description says "assumed", it means that the feature could not be inspected and an assumption has been made based on the property's age and type.

Feature	Description	Rating
Wall	Cavity wall, filled cavity	Average
Roof	Pitched, 150 mm loft insulation	Good
Roof	Roof room(s), insulated	Good
Window	Fully double glazed	Average
Main heating	Boiler and radiators, mains gas	Good
Main heating control	Programmer, room thermostat and TRVs	Good
Hot water	From main system	Good
Lighting	Low energy lighting in 82% of fixed outlets	Very good
Floor	Solid, no insulation (assumed)	N/A
Secondary heating	None	N/A

圖表4.11 英國的物業通常評級為C至D級

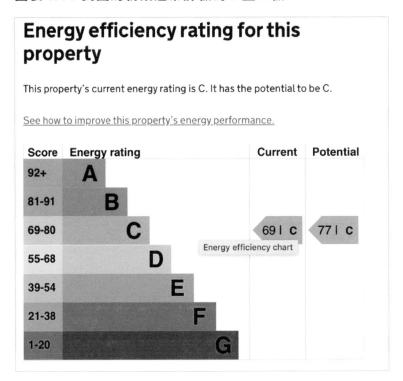

這個能源標籤的評級，對樓價有甚麼影響呢？在Rightmove上有一個統計報告，顯示如果評級提升的幅度愈高，物業的價值亦會相對提升（圖表4.12）。例如物業的能源評級原本是F，隨後提升至C級的話，物業的價值提升了16%，即使是由D提升至C，物業的樓價亦可以上升4%。所以大家於放盤時可以考慮是否值得投資一筆錢去提升能源評級，來換取較高的樓價。

圖表4.12 能源評級提升 物業價值相對提升

Improvement in EPC rating to C	Price growth in average	Based on national average asking price 344,445 pounds
F to C	+16%	+55,111 pounds
E to C	+8%	+27,556 pounds
D to C	+4%	+13,778 pounds

資料來源：Rightmove

買家亦要留意，如果物業的能源評級是F級，物業是不可以出租，所以買家要留意，這類物業可能樓價比較低，但入手後可能要投資一筆資金去翻新物業。而所需要翻新的部分，於能源報告中的「Improve this property's energy performance」會找到指引，應該要改善哪些部分，才可以令到物業的能源評級提升。

STEP 3 第三步：找出物業的Council Tax Band

查看完能源標籤後，下一步便要查找物業的Council Tax Band，因為Counci Tax Band影響我們每年需要支付予政府的Council

Tax的金額。買家可先到「https://www.gov.uk/council-tax-bands」,並與查找物業能源評級的方法一樣,輸入物業的郵政區號,及找到物業的街號,便可以找到物業的Council Tax Band(圖表4.13)。圖表4.13的例子可以見到,物業的Council Tax Band是Band F。

圖表 4.13 各物業的 Council Tax Band 均不一樣

Property information for

38, GREEN GATE, HALE BARNS, ALTRINCHAM, CHESHIRE, WA15 0RR

Local Authority	Trafford
Local authority reference number	32561075
Council Tax band	F
Improvement indicator	No
With effect from	
Mixed-use property	No
Court code	None

知道council tax band後,買家要先找到物業所屬的地區,並於Google上搜尋這個地區的Council Tax Band,便可以找到

相應Banding所需支付的稅了。以圖4.13的例子，物業是屬於「Trafford Borough Council」，所以於Google上搜尋「Trafford Borough Council Tax Band」，便不難找到這個物業每年所需支付的Council Tax是2,560.45英鎊。

圖表4.14 不同Council及不同Council Tax Band需繳交稅項金額不同

Schedule of Council Tax Charges Over Valuation Bands

Band A	Up to £40,000
Band B	£40,001 to £52,000
Band C	£52,001 to £68,000
Band D	£68,001 to £88,000
Band E	£88,001 to £120,000
Band F	£120,001 to £160,000
Band G	£160,001 to £320,000
Band H	Over £320,000

(Based on the property valuation as at 1st April 1991)

Band A	£1,181.74
Band B	£1,378.70
Band C	£1,575.66
Band D	£1,772.62
Band E	£2,166.53
Band F	£2,560.45
Band G	£2,954.36
Band H	£3,545.23

(The chart excludes Parish Precepts)

第四步：總結資料

如果順利完成上述三個步驟，一個免費的盡職審查基本已經初步成形，大家可以自製一個圖表去把物業的資料整理（圖表4.15）。

圖表 4.15 自製圖表整理物業資料

Items	38, Green Gate, Hale Barns, Altrincham, Greater Manchester WA15 0RR
Floor Space/sq/ft	1,722
Type	Detached house
Rooms	3 bedrooms
Finish Quality	Average to Good
Garden	Rear
Off-street Parking Space	2 (Off Street)
Garage	1
EPC	C(77)
Council Tax Band	F
Asking Price	800,000 Pounds

有了這個自製圖表後，我們便很容易可以再進行下一步的分析，就是這個物業的叫價是否合理。

買樓的盡職審查解密 ④
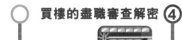

4.2
如何評估叫價是否合理？

在英國買樓，特別是首次投資英國物業的買家，對於英國的樓市不熟悉，很難去判斷業主的開價是否合理，所以在這個章節，會介紹如何去評估業主的放盤價是否合理，以免一不小心而買貴了。

以上一個章節的物業38 Green Gate作為例子，業主的開價是80萬英鎊，我們可以先來比較一下同區水平。在同一個放盤網站Rightmove，在放盤物業的頁面，有一欄叫作Recently sold & under offer（圖表4.16）。點擊後便會去到另一個頁面，在頂部會見到兩個部分，包括是「Recently sold」以及「Under offer」。

圖表 4.16 比較附近物業近期的成交價

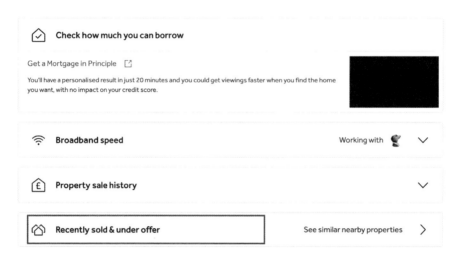

由圖表 4.17 中可以見到，Sold 即是已賣出的物業。至於 Under Offer 則是已經接受出價的物業。這裡亦會顯示這些已經成交的物業，與買家心水物業的距離有多少。由資料可見，對上一次附近有物業成交，要數到 2021 年 8 月，距離我們考慮中的物業 38 Green Gate 不足一里，而當時的成交價是 120 萬英鎊。所以這個情況，買家要判斷這個 80 萬英鎊的叫價是否合理，或者是否物業有其他問題而導致業主叫價較低，包括市場情況、加息因素、經濟狀況等等都要一併考慮。不過這個已經成交的價錢，其實比較上不貼近市況，因為物業成交後並在土地註冊處登記，都要至少半年至九個月的時間，有些甚至可能超過一年，所以這個已經成交物業的參考價值相對較低。

圖表4.17 找出較為近期的成交物業，與心水物業比較

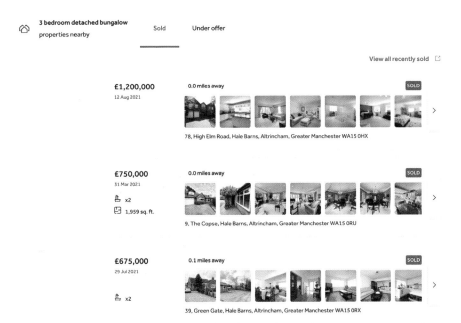

不過亦不用擔心，因為有另一個比較重要的參考，就是「Under offer」這個部分，因為這是最新可以用作比較的數據（圖表4.18）。「Under offer」所顯示價錢比較反映到近期的市況，以及這些物業都是正在進行物業買賣的程序，所以有較高的參考價值。由圖表4.18可以見到，即使是同樣三房的物業，價錢都可以相差很遠，由28萬至77.5萬英鎊不等。所以買家就要仔細留意這些under offer的物業，與自己想評價的物業距離有多遠，而且是否位於同一條街，或是位於鄰近的街道，從而找到成交中的物業，如是便更有比較價值。

圖表 4.18 以 Under Offer 物業作為參考，會比較貼近現實市況

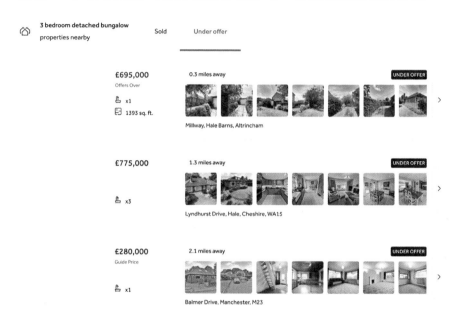

以圖表 4.18 為例，第一個物業是位於 Millway，距離 Green Gate 大約 0.3 里的距離，算是比較接近，而這個單位 Under offer 的價錢是 69.5 萬英鎊，再比較單位的面積、設備、環境配套等等，就可以判斷到 38 Green Gate 的叫價有機會比市價略為高，買家可以於出價時判斷到自己的出價是否合理，或者業主的叫價是否「獅子開大口」。

至於比較的技巧（圖表 4.19），就是愈近自己想買的物業愈好，通

常我們都會揀選兩至三個，位於同一條街、同一個郵政區號的物業，而且單位的戶形相近，各項評分的指標，例如是Council Tax Band以及能源評級都接近的物業來作出比較。

圖表4.19 與同區物業比較價錢的項目參考

1	位於同一街道/郵政區號（0.25至0.5miles以內）
2	相同結構
3	相似面積
4	叫價相近
5	Under Offer/Sold 的時間相近

另外，買樓的時候亦可以考慮自己是打算把物業作為投資或是自住，因為兩者均有不同的考慮因素，例如自住物業最好購買一些不需要維修的物業。而至於投資的物業，有一些需要維修的物業其實會比市價低，如果計好數，考慮到維修後可以為物業帶來升值潛力（租金及樓價）的話，其實亦可以揀選質素較次一級的物業。投資及自住物業的考慮因素，可以參考圖表4.20。買家亦可以先把要維修的單位以較低的價錢出租，並於賺取租金收入後再裝修物業，將來裝修好後亦可以收回物業自住。

圖表 4.20 投資或自住 買入考慮因素不同

投資	自住
• 可以找需要維修的物業，如果： 維修後可以帶來較大的資本效益（包括更換 Utility Room、擴大居住空間、維修花園等等），均可以提升物業的租金。	• 不需要大幅度的維修 • 睡房、客飯廳等要有足夠的空間 • 不需要很大的資本效益（租金、升值潛力等等） • 居住環境要舒適

4.3
五大必用搜尋引擎

購買英國樓，我們可以善用網上的完善數據庫查清物業底蘊，包括物業的社區的組成、住戶、人種等等。英國買樓亦要注意一些比較宏觀的環境因素，例如是水浸、空氣污染等等。其實這一部分，一般都是由律師代表買家，在交易的後期才會進行這個程序，並僱用第三方的公司去了解這方面的風險。大家要留意，雖然這些第三方的公司，都會提供相應理賠的保險，但大前提是這一類的風險於做調查報告的時候是找不到，保險公司才會作出賠償，但如果這些風險於調查的時候已經找到，保險公司是不會賠償的，如果買家想把這類早已找到的風險加入保險條款中，往往都需要支付一大筆的額外費用。所以最理想的情況，是在出價之前，在買賣程序啟動之前，已經了解物業存在的風險，認為自己的財政能力可以承受這些風險才正式出價買樓。以下會為大家介紹一些實用網站，以助大家搜尋所需資訊。

1. Street Check 查清區內細節

有一個十分有用的網站叫做 Street Check（https://www.streetcheck.co.uk/），在這個網站，基本上可以找到物業附近環境的所有資料（圖表4.21）。買家只需要在網站上輸入相應的郵政區號，便已經可以找到所需要的資料，包括物業的種類、人種、文化、工作、罪案率等等（圖表4.22）。

圖表4.21 免費網站 StreetCheck 可以查看到物業所在地區的環境及資料

圖表4.22 物業所在地區的大致環境

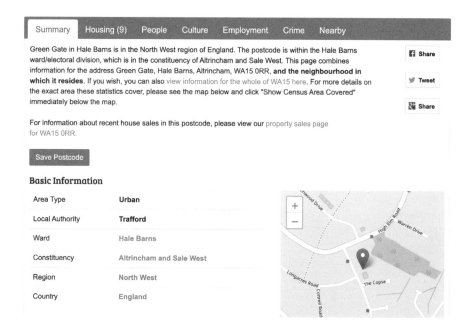

繼續以 38 Green Gate（4.1提及的物業例子）為例，於Summary一頁已經可以得知這個社區的基本資料，而區內物業的種類亦於Housing的一頁中顯示（圖表4.23），見到主要是以獨立屋為主，佔了全區九成半以上。至於People這一部分，便可以看到在這區居住的主要是甚麼人（圖表4.24）。這個例子可以見到住在這區的人主要都是以AB為主，即是管理層、專業人士這類，所以便可以大約得知你的鄰居會是從事哪類型的工作，職位如何。而且亦都很直接反映到這區的罪案率，因為如果鄰居從事比較高薪的工作的話，區內的罪案率便會愈低。

圖表 4.23 區內物業種類的分布

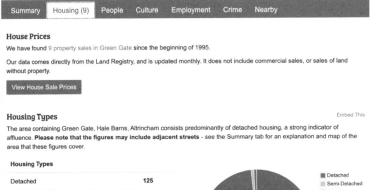

| Summary | Housing (9) | People | Culture | Employment | Crime | Nearby |

House Prices

We have found 9 property sales in Green Gate since the beginning of 1995.

Our data comes directly from the Land Registry, and is updated monthly. It does not include commercial sales, or sales of land without property.

[View House Sale Prices]

Housing Types   Embed This

The area containing Green Gate, Hale Barns, Altrincham consists predominantly of detached housing, a strong indicator of affluence. **Please note that the figures may include adjacent streets** - see the Summary tab for an explanation and map of the area that these figures cover.

Housing Types

Housing Types	
Detached	125
Semi-Detached	1
Terraced	1
Flat (Purpose-Built)	0
Flat (Converted)	0
Total	127

Are these numbers higher than you expected? Click here for explanation.

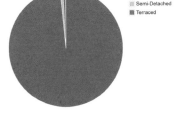

- Detached
- Semi-Detached
- Terraced

圖表 4.24 區內住戶的職級分布

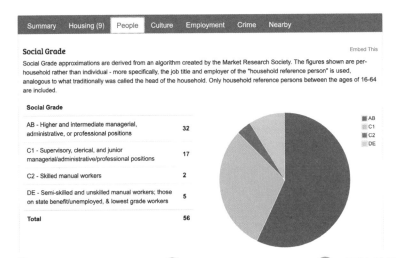

| Summary | Housing (9) | People | Culture | Employment | Crime | Nearby |

Social Grade   Embed This

Social Grade approximations are derived from an algorithm created by the Market Research Society. The figures shown are per-household rather than individual - more specifically, the job title and employer of the "household reference person" is used, analogous to what traditionally was called the head of the household. Only household reference persons between the ages of 16-64 are included.

Social Grade

Social Grade	
AB - Higher and intermediate managerial, administrative, or professional positions	32
C1 - Supervisory, clerical, and junior managerial/administrative/professional positions	17
C2 - Skilled manual workers	2
DE - Semi-skilled and unskilled manual workers; those on state benefit/unemployed, & lowest grade workers	5
Total	56

- AB
- C1
- C2
- DE

買樓的盡職審查解密 ④

然後就到Culture的部分，這個頁面顯示了不同人種的分布（圖表
4.25），因為如果了解到該區主要的人種是哪一類人，便可以大致
知道當區的特色以及社區的情況。而人種的分布，亦都與樓價有一
定相關。至於職業部分（圖表4.26），其實新到英國的港人亦可以
參考一下，從而去了解區內的工種，以及區內的人主要從事哪一類
工作，以判斷該區是否適合自己居住。

圖表4.25 區內住戶不同種族的佔比

| Summary | Housing (9) | People | Culture | Employment | Crime | Nearby |

Ethnic Group

Embed This

Green Gate, Hale Barns, Altrincham can be considered more ethnically diverse than the UK average. As whole, the UK population claims itself as approximately 86% white, with residents of this area being 69% so.

As a country with a diverse population, the UK is home to other sizable ethnic groups, with mixed ethnicity (2.1%), Indian (2.4%) and Pakistani (1.9%) being the largest groups reported.

There is considerable division of ethnicities within the UK, with ethnically diverse addresses uncommon outside of urban areas.

Ethnic Group	
White	187
Mixed Ethnicity	4
Indian	15
Pakistani	47
Bangladeshi	1
Chinese	4
Other Asian	7
Black Caribbean	4
Other	2
Total	271

- White
- Mixed
- Indian
- Pakistani
- Bangladeshi
- Chinese
- Other Asian
- Black Carib.
- Other

圖表4.26 區內各種職業種類佔比

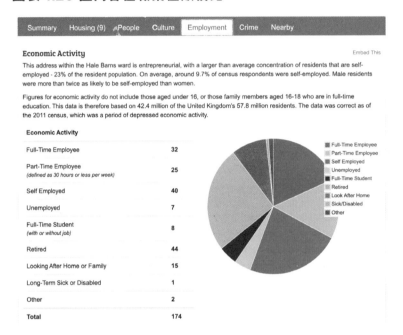

而另一個大家最常留意的便是Crime這一部分，買家可以按下連結（View Latest Crime in，圖表4.27）去查看到最新的罪案，但是會有兩至三個月的時間差，因為當地警方未必會即時更新區內所發生的罪案。

圖表4.27 可於網站內的警方連結查看犯罪率

職審查解密 ④

有小朋友的買家，另一個主要的考慮因素便是校網，始終香港人的傳統，都會希望自己的子女可以進入名校。在之前章節提及過，想要進入名校小學的話，其實與成績可以是沒有關係，最重要都是住得夠近。

在 StreetCheck 上亦都可以看到學校的資料，位置是在 Nearby 的分頁中（圖表4.28），便可以找到各間中小學的評級，而有四顆星的便是 Outstanding，三顆星亦是 Good，而三顆星以下的都不會考慮了。而且這個頁面中亦都提供學校的資訊以及簡介，方便家長直接聯絡學校以及查詢收生。

圖表4.28 StreetCheck 可找到區內中小學的位置

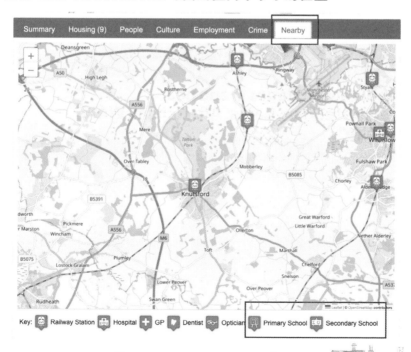

圖表 4.29 網站亦提供各中小學的評級

Nearest Primary Schools

Listed here are the 10 closest primary schools to Green Gate, Hale Barns, Altrincham, WA15 0RR. The nearest is Elmridge Primary School, approximately 560 yards away.

Name	Approximate Distance*	Ofsted Rating
Elmridge Primary School	560 yards	★★★★
Well Green Primary School	1 mile	★★★☆
St Peter's Catholic Primary School	1.7 miles	★★★☆
The Willows Primary School	1.9 miles	★★★☆
Ringway Primary School	1.9 miles	★★★☆
Stamford Park Primary School	1.9 miles	★★★☆
Broomwood Primary School	2 miles	★★★☆
Newall Green Primary School	2 miles	★★★☆
Cloverlea Primary School	2 miles	★★★★
St Anthony's Catholic Primary School	2 miles	★★★☆

圖表 4.30 點擊學校名稱可得知學校的環境及詳細資料

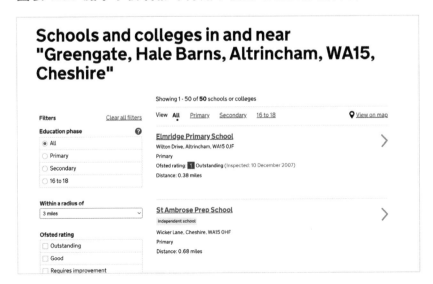

買樓的盡職審查解密 ④

至於查詢學校的公開試成績，如果想要免費的話，就只可以到政府網站查詢（https://www.gov.uk/school-performance-tables），方法亦都與早前查看能源標籤一樣，輸入郵政區號，便可以看到附近學校的成績，但由於數量都很多，所以家長於查看資料時，亦都會比較花時間去看每一間學校的表現。市面上亦有一些收費的網站，例如 https://www.locrating.com，可以提供這類資訊，而且比較容易查看，收費亦算是合理，有興趣的家長亦可以購買這些網站的服務。

2. 查水浸風險

先說一說如何找到區內的水浸資料，其實都可以於英國政府的官方網站找到（https://www.gov.uk/check-long-term-flood-risk）。買家輸入郵政區號的資料後，便可以找到相關的水浸資料。今次我們用位於伯明瀚的 Solihull 作為例子，只要有郵政區號（這裡我們用郵政區號 B90 4PY）以及物業的地址，便可以找到相關的資料。搜尋結果出來後，買家可以看到不論是「Rivers and the sea」以及「Surface water」，均表示是「Very low risk」（圖表 4.31），這便表示這個物業會水浸的風險十分之低，這是最理想的結果，但如果見到風險是 Medium 的話，筆者建議最好放棄這個物業，再找另一間。

圖表 4.31 政府網站可以查閱物業位處的地方水浸是否嚴重

Flood risk summary for the area around:

10, ARBURY HALL ROAD, SHIRLEY, SOLIHULL, B90 4PY

Rivers and the sea
Very low risk

▶ What this information means

The Environment Agency is responsible for managing the flood risk from rivers and the sea.

View a map of the risk of flooding from rivers and the sea

Surface water
Very low risk

▶ What this information means

3. 查輻射風險

至於檢查輻射風險，可以到網站Ukradon（https://www.ukradon.

買樓的盡職審查解密 ④

org/information/ukmaps）找 到 相 關 的 資 訊。於 頁 面 中 揀 選
Explore the interactive map便可以看到地圖（圖表4.32），並啟
動Show Radon data的功能（圖表4.33），便可以找到輻射的範
圍以及潛在輻射的風險。

圖表4.32 網站可以查找英國各地的輻射情況

UK maps of radon

UKHSA has published reports containing radon Affected Area maps for the whole of the United
Kingdom. Copies of the reports are available in <u>resources</u>.

UKHSA launched the new radon map on 01/12/22 - some users have experienced issues due to the
cached data on their web browser. If you clear your history for cached data and images and re-visit
the website this should load. You can view the press release regarding the new radon map data <u>here</u>

Every building contains radon but the levels are usually
low. The chances of a higher level depend on the type
of ground. UK Health Security Agency has published a
map showing where high levels are more likely.

The darker the colour the greater the chance of a higher
level. The chance is less than one home in a hundred in
the white areas and greater than one in three in the
darkest areas.

Explore the interactive map

圖表4.33 買家要留意物業位置的輻射情況是否嚴重

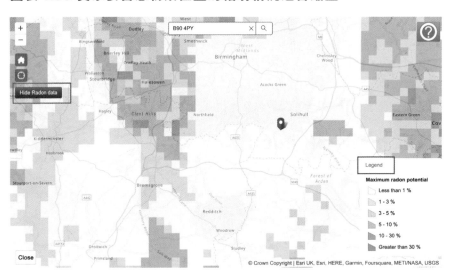

4. 查空氣污染

如果要找空氣污染的資料，其實BBC有一篇報道（圖表4.34）是提供了部分英國地區空氣污染的情況（https://www.bbc.com/news/science-environment-42566393）。大家只需要輸入郵政區號，便可以找到相關的資訊，以及污染的評級。另外，政府網站UK Air亦都提供了免費的空氣質素資訊予大眾查詢（https://uk-air.defra.gov.uk/）。買家輸入郵政區號後可找到相關資訊。

買樓的盡職審查解密 ④

圖表4.34 BBC的網站可以查閱英國大部分地區的空氣質素

How polluted is your street?

Enter a postcode to find out

Eg W1A 1AA

*If you cannot view the postcode search, please click **here** to reload the page.*

Although dirty air doesn't kill people directly, it's estimated to contribute to shortening the lives of 40,000 people a year in the UK. Pollution is thought to undermine the health of people with heart or lung problems.

- **Reality Check: Do clean air zones work?**
- **Air pollution 'harms mental performance'**
- **Even low air pollution may damage heart**
- **All the BBC's news on air pollution**

5. 查區內公屋/社會住宅

最後就是看看區內是否會有很多公屋或社會房屋，大家可以到政府網站查閱相關資料（https://uksocialhousing.com/locations）。如果是地段較好的地區，這類公屋或社會房屋的數量會比較少，最好是在10%或以下。

4.4
物業價值評估示例分享

談了不少將物業起底及評估價值的貼士後,筆者在這章和大家一起來些實戰,讀者可以根據筆者在這章提出的例子,也一起動手為物業評估,看看你們和筆者對同一物業的見解是否相似。

如之前提過,買家如果想購買物業的話,可以自行製作一個表格去分析物業是否值得入手。筆者於Rightmove找了些放盤,作為例子,大家不妨一起動手分析,為物業打星評分吧!

分析曼城三房物業　發現水浸風險

筆者自行製作了相關物業的資料如下:

Items	31, Longacres Road, Hale Barns, Altrincham, Greater Manchester WA15 0RS
Floor Space/sq/ft	82 Square metres
Type	Detached Bungalow

Rooms	3 bedrooms
Finish Quality	Average
Garden	Rear
Off-street Parking Space	1 (Off Street)
Garage	1
EPC	D (59)
Council Tax Band	E (2018.75)
Asking Price	775,000 英鎊

1. 找物業確實地址

首先，看到心水物業後，要先找到物業的準確地址以及郵政區號，找到的物業地址為31, Longacres Road, Hale Barns, Altrincham, Greater Manchester WA15 0RS。所以下一步，就可以去查看能源報告。

2. 找物業能源報告

於能源報告中看到，其實這個單位算是比較舊，以及報告只有59

分,是D的評級。雖然物業的能源報告評級比較低,但其實在報告中亦有指出,如何可以將物業的評分升高。如果業主願意投放資金去改善太陽能熱水系統以及太陽能光伏板的話,可以令到單位加分最多,所以買家想買入單位的話,可能要預留一筆資金去改善這兩個系統。

3. 進行 Street Check

至於物業所位處的地區,則主要都是 Detached house 為主,佔了近九成九的戶型。住戶亦以專業人士及管理層為主,佔了57%,算是治安比較好的地區。而區內的住戶均以白人為主,佔了69%,其次是印巴籍人士,佔23%。區內犯罪率方面亦都很低,所以這區的治安相對較好。

教育方面,這區不論小學或是中學,全部均為三顆星以上,都算是不錯的名校網。是比較適合一家人有小朋友前來居住的地區。

4. 查水浸風險

水浸方面,買家就要留意了,由報告顯示,Surface Water 水浸風

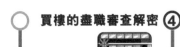

買樓的盡職審查解密 ④

險為 Medium risk，網站的資料亦顯示排水口有機會排不及下雨的積水。至於 Rivers and the sea 的水浸風險則為 very low risk。不過物業有水浸風險的話，建議買家重新再找一個新盤，是沒有任何水浸問題，因為這個是已經發現存在的風險，所以保險公司不會受保這個單位與 Surface Water 水浸有關的損壞。

至於業主放盤價目 77.5 萬英鎊是否位於合理範圍，可以看到之前一個成交是 2022 年 9 月，附近有一宗同樣是三房的單位成交，成交價是 108 萬英鎊，但該物業有兩層高，以及面積比較大，所以成交價較貴都是合理。

另外一個比較相近的是一個 2022 年中成交的物業，同樣是樓高一層，以及三房的獨立屋，成交價是 7.25 萬英鎊，這間屋的內櫳比較舊，所以成交價較低。而這個放盤，under offer 的參考數字全部都不合適，因為附近於近期沒有 under offer 的交易進行。

現時已經列舉了這個 31, Longacres Road 的大部分資料出來。整體而言，價錢算是市價，但買家可以視乎經濟環境這些因素，去判斷到底成交價是否合理，例如加息周期，供樓壓力上升，有不少人都要賣樓周轉。至於減息周期的話，會有愈來愈多人入市買樓，因為供樓成本回落，大家不會供得太辛苦。但買家最重要是留意物業有中級程度的水浸風險，如果遇到這些情況，筆者一般建議買家再找另一個放盤，主要是因為保險不會受保該水浸所導致的損壞。

分析 Bishop 三房排屋　投資性價比高

地理位置	★★★★☆
投資性價比	★★★★✦
物業質素	★★★✦☆

劍橋

成交價	£　36萬
當時估值	£　35.5萬
市場租金	£　1,350
物業特色	三房一廁排屋加建玻璃屋
能源效率	D
面積	828平方呎
社會階層	中上階層，95%白人
犯罪率	低，100/1000
水浸風險	低
校網	公立中小學排名全英TOP 1%

資料整理：Smart2GoUK　資料來源：https://www.rightmove.co.uk

郵遞編號
CM23 2AU

車程
約1小時

倫敦

掌握基本資料

Bishop這間於2021年12月底成交的英國物業，位於劍橋（Cambridge）及倫敦之間的彼謝普斯託福（Bishop's Stortford）的通勤小鎮（Commuter Town）。三房排屋（Terraced House）成交價為36萬英鎊，銀行估價為35.5萬英鎊，相差不太遠。2022

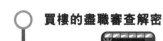

年2月市場租金預計為1,350英鎊，租金回報賬面有4.5厘，跑贏同區同類型單位。就投資性價比而言，獲得分數為4.5分。

能源評級一般 校網一流

三房一廁間隔，實用面積828呎，屬於永久業權，不用擔心地租問題，區內犯罪率方面則是每年每1,000人中有100宗犯罪紀錄，整體而言屬較低水平。物業位於角落位置（Corner plot），環境較為寧靜，治安相對較好，外面空地較其他單位大，日後可再擴展建築，提高物業叫價，目前已加建了玻璃屋，令生活空間增加。

美中不足之處，物業建築年期為1967至 1975年，屋頂上有輕微瑕疵，日後或要維修，EPC能源效率報告為D，尚算合格，目前英格蘭大部分二手物業EPC報告為C至D級，新樓則有望上升至A級，同時該物業隔熱有限度，需要留意，物業質素評分為3.5分。

該物業的Post Code為CM23 2AU，以中上階層為主，95%為白人，同時校網良好，中小學的公立學校排行全英國TOP 1%，其中Northgate Primary School在小學的Key Stage 2（KS2）全英考核排在首1%，在全英16,033間小學中排名107 位。另一間Hockerill Anglo-European College綜合了A-Level & IB，和GCSE 成績後，Hockerill在全英國公立中學（Comprehensive School）排名第二，可提高學生入讀Russell Group及Oxbridge大學的機會。

如前往小鎮的市中心，需要5分鐘路程，要到達倫敦市中心的 Liverpool Street Station 也需要約1小時，路程較遠，每月交通套票為400英鎊。地理位置評分為4分。

Cambridge四房排屋　水浸風險高

剑橋地區水浸風險地圖
風險級別　●高　●中　○低

CB1 8PF

成交價	£	55萬
當時估值	£	54萬
市場租金	£	1,850 (4%)
物業特色		四房兩廁三層排屋
能源效率		D
面積		1,325平方呎
社會階層		上階層，79%白人
犯罪率		低，99/1000
水浸風險		高 (每年水浸機率高達3.3%
校網		兩間中學排名全英TOP10%

買樓的盡職審查解密 ④

這間於2022年1月1日成交，位於劍橋（Cambridge）的四房排屋（Townhouse）成交價為55萬英鎊，銀行估價為54萬英鎊，相差約一萬英鎊。

業主心雄於2021年7月初次開價59.5萬英鎊，市場反應一般，其後9月份劈價逾7.5%至55萬英鎊，在英國樓「大牛市」下，以貼近銀行估價成交，2022年2月的市場租金預計為1,850英鎊，租金回報賬面有4厘，就投資性價比而言，獲得分數為4粒星星。

處富人區 罪案率低

四房兩廁間隔，實用面積1,325呎，屬於永久業權，不用擔心地租問題，區內犯罪率方面則是每年每1,000人中有99宗犯罪紀錄，屬較低水平。物業建築年期為1996至 2002年，屬於較新的物業，物業質素分數為4粒星星。

至於EPC能源效率報告為D，尚算是合格，目前英格蘭大部分二手物業EPC報告為C至D級，不過英政府有意在2025年，規範出租物業的EPC評級需要提高至C級或以上。然而，該物業存在不少風險，以該地理位置，根據英國政府網站顯示，物業的水浸風險（Flood Risk）極高，每年水浸機率高達3.3%，路面或易受侵蝕，預計保險費用亦會相應增加，未來放售亦比較困難，參照今次放售

大半年才售出，未來轉手或需要更長時間才可成交，地理位置上有水浸風險，筆者評級分數為兩粒星星。

該物業的Post Code為CB1 8PF，屬富人階層，79%為白人，校網尚算良好，當中包括Queen Edith Primary School及Morley Memorial Primary School為全英排名首35%內，另外St Bede's Inter-Church School 及 Hills Road Sixth Form排名分別在首6%及8%內。

Nottingham 五房獨立屋　能源評級一流

成交價	£ 55萬		面積	1,864平方呎
當時估值	£ 55萬		社會階層	富人階層，99%白人
市場租金	£ 2,136 (4.6%)		犯罪率	低，79/1000
物業特色	五房四廁兩層獨立平房		水浸風險	極低
能源效率	B		校網	一間小學，一間中學，全英 Upper Quartile

物業質素 ★★★★★	投資性價比 ★★★☆☆	地理位置 ★★★☆☆

資料整理：Smart2GoUK　　　　　　　　　　　　　資料來源：https://www.rightmove.co.uk, Google Map

這間於2022年1月尾成交，位於諾定咸（Nottingham）的五房獨立屋（Detached），成交價為55萬英鎊，銀行估價同為55萬英鎊，估價十分充足。

區內自住居多 或難找租戶

業主心雄於2021年11月初次開價57.5萬英鎊，其後兩星期劈價約4%至55萬英鎊，2022年3月的市場租金預計為2,136英鎊，租金回報賬面有4.6厘，但是該區以自住居多，出租單位較少，租金回報或有價無市。

該區過去五年（2018年至2022年）升幅已達3成，加上上手業主在2018年買入時，已向政府申請分拆地址，並在原本30號獨立屋的花園部分，另外申請加建多一間30A平房，故出售這間的五房四廁兩層的獨立平房是「由無變有」，實用面積1,864呎，屬於永久業權，並以55萬英鎊成交，由於上手業主已賺盡升幅，預期下手買家放售亦需要比較長的時間，就投資及價錢性價比而言，獲得分數為3.5粒星星。

原本30號的獨立屋亦加建為3層高，實用面積3,455呎的大屋，加上放售30A後的五房獨立平房後，原本買入價及裝修已完全回本，原有物業30號大屋價值更因加建後大幅上升。

治安不錯 適合退休

區內犯罪率方面則是每年每1,000人中有79宗，犯罪紀錄屬極低水平，物業建築年期為2021年，屬於極新的物業，物業質素分數為五粒星星。

由於是新建物業EPC能源效率報告為B，十分理想，至於水浸風險（Flood Risk）極低，距離市中心15分鐘車程。該物業的Post Code為NG16 1HQ，屬富人階層，99%為白人，該諾定咸小鎮環境十分清幽恬靜，治安不錯，適合退休或大家庭居住。

至於校網則屬於一般，當中包括Hollywell Primary School全英排名Top 23%，The Kimberley School在GCSE成績排名Top 22%，A-Level則是Top 27%。

5

做業主的稅務解密

5.1
以個人或公司持有
入息稅不同

大家購買英國物業的用途各有不同，有人以自住為主，有人則是投資出租賺取租金收益以及差價升幅。無論是屬於前者或是後者，都會面對相同問題，就是以甚麼名義購入最划算？是以個人名義購入？夫婦同名購入？還是以公司持有？要知英國稅項比香港繁重，在以甚麼名義持有物業這個課題上花點功夫研究，還是值得的，因為以不同名義持有英國物業，可達到不同程度的慳稅效果。

自住以個人名義持有

若是以自住為主，物業最好是以個人名義持有，不單止申請按揭的利率及首置自住的印花稅較低，日後出售物業更可申請豁免繳交資產增值稅（CGT）。

若然不是自住，而是打算投資英國物業收租，尤其是移民英國的港

人希望以此自製「被動收入」的話，則要慎重計算各種稅項，以免最終租金收益被稅金蠶食，影響整體回報率，故此在買入英國物業時便需從長計議，務求達到最佳慳稅效果。

做「包租公」可考慮以公司持有

如果是持有多間出租物業，並大多以按揭貸款購買的人士，筆者建議可以考慮以公司名義持有物業，其中原因是基於以公司持有物業，其按揭利息支出可以在租金收入中全數扣減，然後才以淨租金收入被徵稅，長久計算下來，相對以私人名義節省的稅金支出更多。

英國稅務年度為每年4月6日至翌年4月5日，大家要留意稅務截止計算日期，但凡在這期間出現的租務收入都需要報稅。在了解持有出租物業需要繳付的稅項之前，我們需要先了解英國的標準個人入息稅的稅率（Income Tax），因為這與持有出租物業的稅項息息相關。由於以個人名義持有出租物業，其租金收益等同個人入息，所以要交多少稅，便要看包括薪金等在內的年度個人入息總和是多少，再按個人入息稅階被徵稅。基於這樣的計算方法，我們便要留意租金收入會否因而一併跌入高稅階（40%或45%），因為收益隨時會打六折或五五折。

圖表 5.1　英國個人入息稅稅階及稅率

年度個人入息	稅項	稅率
£12,570 以下	個人免稅額 (Personal Allowance)	0%
£12,571 至 £50,270	基本稅率 (Basic rate)	20%
£50,271 至 £150,000	更高稅率 (Higher rate)	40%
超過£150,000	附加稅率 (Additional rate)	45%

符合個人免稅額的資格

英國的標準個人免稅額為 12,570 英鎊，適用於英國公民及當地的
稅務居民。只要持有英國護照，就算身處外地，不在英國，在英國
境內的租金收入或其他收益，仍享有個人免稅額的扣減；換言之，
只要有英國人身份，就算不在英國長久居住，其出租物業的收入仍
享有免稅額扣減。另外持有BNO簽證抵達英國，並在一年內住滿
183日，便會成為英國稅務居民，需要繳交英國稅項，同時亦享有
個人免稅額寬免。

但是若純粹持有BNO護照而在香港居住，並以「隔山買牛」方式投資任何英國出租物業，則不享有任何個人免稅額的寬免。

個人入息稅最高稅率為45%

假設符合享有個人免稅額資格，以個人名義持有收租物業，其租金收入需要繳付個人收入稅，並以累進稅制計算，首12,570英鎊收入免稅，其後的由12,571英鎊至50,270英鎊的收入，應繳的基本稅率（Basic rate）為20%；再其後由50,271英鎊至150,000英鎊的收入，則需繳付更高稅率（Higher rate），達40%；超過15萬英鎊，需要繳付附加稅率（Additional rate）為45%。以個人名義持有的收租物業，扣除管理費、維修費用及各種物業上的開支，其租金淨收入如達到上述幅度，便要按不同稅階繳納稅金。

所以，值得留意的是，如身在英國的港人，當初移民英國前沽出港樓，以現金購入或是以香港收入承造按揭，買入數間英國物業，並打算以收租維生，最終落地英國後又找到穩定工作並錄得收入，加上本身持有的投資出租物業租金收入，每年工作收入及租金收入合共倘超過特定數目，便會跌入更高稅率，令原本部署的移英收入大失預算。

可扣減按揭利息開支

另外不得不提的是，以個人名義持有出租物業，如有申請按揭抵押貸款，是可以在稅款上扣減相關按揭利息支出，不過扣減幅度只有20%。如果買家的出租物業，是以公司持有，則可以在稅款上全數扣減相關按揭利息支出。若在樓市加息周期下，利率徘徊在四至六厘之間，每月的物業按揭利息亦是一筆不少的支出，按揭利息扣稅百分比多少無疑直接影響租金回報率，加上每月供款增加及稅金無法扣減下，確實令人吃不消。

當然已用了個人名義買入出租物業人士，如在稅務年度，想向英國稅務海關總署（HMRC）申請出租物業扣減20%的按揭利息支出，可在每年度的報稅表填寫相關支出。即是在稅務年度內，每月的銀行月結單顯示供款的利息及本金，只要計算物業供款利息部分，並將利息部分填寫在報稅表上，便可享有20%的按揭利息扣減。

另外，如果是在英國境外的投資者，並以個人名義持有英國收租物業，記得要申報NRL1（Non-resident landlord，individuals）表格，（網址為https://bit.ly/3Iahc9p）並且繳納租金收入所得的20%。一般而言，租賃經紀（Letting Agent）有責任承擔，並在事前已扣減了租金收入的20%繳稅。

為何以個人名義持有的出租物業，其按揭利息扣稅減只有20%？主要原因是英國樓市在經歷2009年金融海嘯後，整體平均樓價跌至15.4萬英鎊。及至2015年，六年時間內平均樓價已升逾30%至20.5萬英鎊。當時在任的首相卡梅倫和財政大臣喬治奧斯本擔心，英國房地產泡沫引發經濟危機，繼而引入了第24條（Section24 of Financial Act），並在2017年英國政府正式推出第24條即租戶稅（Tenant Tax），修改以個人名義購買出租物業可以扣減的按揭利息比例，大幅減至20%，以減緩樓市上揚的趨勢。由於扣稅比例大幅減少，不少英國業主為了提高租金收益，嘗試分租、直接加租、經營劏房等不同方式，當中最為人熟悉的是將較大的家庭住宅改造成HMO（House in Multiple Occupation）和公寓以提高收益。另外亦有一部分英國業主將物業轉為公司持有，以享有扣減全數按揭利息支出。

舉個例子（圖表5.2），A先生以BNO簽證登陸英國，並連續居住滿183日，成為英國居民（resident），並符合扣減個人免稅額的條件。假設每年稅前個人薪金收入約4萬英鎊，再加上出租物業的租金收入約3萬英鎊，合共7萬英鎊，以累進形式的個人入息稅計算，首12,570英鎊免稅，其後的37,699英鎊的收入為基本稅率20%，即應課稅為7,540英鎊，之後的19,731英鎊的收入為更高稅率40%，即應課稅為7,892英鎊，假設全年按揭利息為3萬英鎊，可享扣稅部分為20%，即是6,000英鎊，如在不扣減物業的管理及維修費用等支出下，實際應課稅項為9,432英鎊。

公司持收租物業 最高稅率25%

至於公司名義持有物業則每年需要繳交公司營業稅（Corporation Tax）稅率為19%至25%。租金收入在扣除管理費、維修費用及各種物業上的開支，每年淨利潤5萬英鎊以下應課公司營業稅為19%，如果超過25萬英鎊最高稅率為25%。至於由超過5萬英鎊至25萬英鎊以下的租金淨收入，亦會按不同的邊際利潤及寬免，利率徘徊在19%至25%之間（詳情可以在英國政府網站輸入資料，計算稅率及寬免數值。網址為https://www.tax.service.gov.uk/marginal-relief-calculator）

因此按個別情況，以公司持有出租物業的數量愈多，租金收入愈高，在繳稅時有機會會較個人持有更著數。

筆者再以年度收入7萬英鎊為例，但改以公司名義持有該出租物業（圖5.3），假設全年按揭利息同為3萬英鎊（由公司持有的出租物業，在一般情況下申請按揭時的利率較高，在加息周期下分別不大），至於利息可享扣稅部分為百分之百，在扣稅後的租金淨利潤為4萬英鎊，由於淨利潤為5萬英鎊以下，需要繳交公司營業稅為19%，如在不扣減物業的管理及維修費用等支出下，實際應課稅項為7,600英鎊。在相同的收入條件下，以公司名義持有的物業比個人名義持有，所繳交的稅金減少逾19%。

圖表5.2　年入息7萬英鎊，以個人名義持有出租物業交稅例子

每年入息(薪金及租金收入)	£70,000
全年按揭利息支出扣稅	£30,000 X 20% = £6,000
個人入息稅(以累進形式計算)	首£12,570免稅
	£37,699(£50,270 - £12,571) X 20% = £7,540
	£19,731 X 40% = £7,892
實際應課稅	£7,540 + £7,892 - £6,000 = £9,432

圖表5.3　年入息7萬英鎊，以公司持有出租物業交稅例子

每年入息(淨利潤及租金收入)	£70,000
全年按揭利息支出扣稅	£30,000
公司營業稅率	£70,000 - 30,000 = £40,000
	£40,000 X 19% = £7,600
實際應課稅	£7,600

然而，如業主只是持有一、兩間出租物業，租金收入並不高，只是繳付基本稅率，日後亦不打算在英國工作並賺取薪金收入，用個人名義持有也許會比以公司名義持有划算。

舉例以個人持有出租物業，每年租金收入2萬英鎊（圖表5.4），以累進形式的個人入息稅計算，2萬英鎊的收入為基本稅率20%，即應課稅為1,486英鎊，假設全年按揭利息支出為6,000英鎊，可享扣稅部分為20%，即是1,200英鎊，如在不扣減物業的管理及維修費用等支出下，實際應課稅項為286英鎊。

再以每年租金收入2萬英鎊為例，但改為以公司持有出租物業，假設全年按揭利息同為6,000英鎊，雖說利息可享扣稅部分為百分之百，在扣稅後的租金淨利潤為1.4萬英鎊，需要繳交公司營業稅為19%，如在不扣減物業的管理及維修費用等支出下，實際應課稅項為2,660英鎊。在相同的收入條件下，如以個人名義持有出租物業，並繳交基本稅率的稅階，相對以公司名義持有物業，因為免稅額的關係，以個人名義所需繳交的稅項較少。

圖表5.4 年入息2萬英鎊，以個人持有出租物業交稅例子

每年入息(薪金及租金收入)	£20,000
全年按揭利息支出扣稅	£6,000 X 20% = £1,200
個人入息稅(以累進形式計算)	首£12,570免稅
	£7,430 X 20% = £1,486
實際應課稅	£1,486 - £1,200 = £286

圖表5.5 年入息2萬英鎊，以公司持有出租物業交稅例子

每年入息(薪金及租金收入)	£20,000
全年按揭利息支出扣稅	£6,000
公司營業稅率	£20,000 - 6,000 = £14,000
	£14,000 X 19% = £2,660
實際應課稅	£2,660

從上述幾個例子可見，應該以個人名義還是以公司名義持有物業，很視乎大家購買物業是自住還是出租投資，也視乎大家買入多少物業而定，買入物業愈多、租金收入愈多，以公司名義也許比較划算，因為繳交的稅項相對以個人名義持有為少；相反，如果持有較少物業，租金收入計上個人入息的總和不高，以個人名義持有物業會比較符合利益。

5.2
印花稅與資產增值稅

上文提及，以個人名義或是公司名義持有物業，交的入息稅項不同，而以何種方式持有比較省稅，很視乎持有物業的金額和數量，這章想和大家分享，無論以何種方式持有物業，都有一些其他利害需要注意，包括印花稅和資產增值稅，而以個人名義持有自住住宅物業，在將來出售時可以不用繳付資產增值稅，又例如以公司持有大額物業，有機會要付「豪宅稅」等等。這章會為大家逐一講解。

小額自住物業免印花稅

如果買入的物業為首次置業，並以自住為主，筆者認為毋須用公司持有，宜以個人名義持有，因為如果首置的物業為25萬英鎊以下，基本上不用繳付任何印花稅，又可以善用首置優惠，可以以市價的5折至7折買入新樓，又或可以享受5%首期「上車」(這些會在第七章再詳細講解)，同時自住的按揭利率會比出租物業的按揭

利率更優惠。但是要留意的是，英國的首次置業是全球首置，即是在英國以外已持有物業，亦並非享有首置資格。另外，夫婦二人也是當作同一個單位計算，換言之，如果丈夫或妻子其中一人已持有物業，另一方並不享有首置資格。

另外，只要在需要申報時，申報這個物業是唯一的自住物業，並且當中不涉及任何出租或分租租約的話，在日後出售相關物業的時候，即使樓價由24萬英鎊升值至30萬英鎊，升值的部分亦不用繳付任何資產增值稅。

當然要記住，英國是鼓勵業主誠實申報，所以當在要申報的時候，需要如實匯報。並且大家記得在提供相關證明文件時，要保留相關證明文件，以便若將來抽查時，可以提供相關的證明文件例如水費單及電費單等。申報的詳情可以在政府網站查閱：https://www.gov.uk/tax-sell-home。

第二套物業需繳額外印花稅

2015年，財政大臣宣布對購買額外房產徵收3%的額外印花稅，並於2016年4月實施。此舉旨在針對購買第二套物業的投資者，以抑壓樓市增長。以公司買入出租物業即等同個人買入第二個物業出租，同樣需要繳付額外印花稅3%。

圖表5.6　住宅物業印花稅稅率

樓價	標準印花稅稅率	出租物業印花稅稅率
0至250,000英鎊	0%	3%
250,001英鎊至925,000英鎊	5%	8%
925,001英鎊至150萬英鎊	10%	13%
150萬英鎊以上	12%	15%

公司持住宅物業需付附加印花稅

值得注意的是，對於公司名義購買的任何超過40,000英鎊的住宅物業，有限公司需要在標準印花稅稅率之上支付3%的附加印花稅（Additional Stamp Duty），如果公司持有的是非住宅物業，則不用徵收這3%的附加費。

物業及其他資產增值稅

英國的稅項繁多，除了上述的印花稅外，便是資產增值稅，指的是投資股票、物業等，所獲得的投資收益亦要繳交資產增值稅，例如出售投資物業（固定資產）其增值所得，就要繳交資產增值稅18%或28%，前者為繳交基本稅率人士，即是年收入在50,270英鎊內，後者則是繳交更高稅率人士，即年收入超過50,270英鎊。重申一提，如果是出售以個人持有的唯一自住物業，不用繳交資產增值稅。

至於物業以外的其他投資，出售後其增值所得，就要繳交資產增值稅10%或20%，前者為繳交基本稅率人士，後者則是繳交更高稅率人士。

圖表 5.7　資產增值稅稅階

每年個人入息	資產增值稅稅率	
	物業	其他
￡12,570以下	免稅額 ￡12,300	
￡12,571 至 ￡50,270	18%	10%
￡50,271 至 ￡150,000	28%	20%
超過￡150,000	28%	20%

公司出售物業可以股份轉讓

如果是以公司名義持有出租物業,由公司形式出售物業,有多種出售模式。其中之一便是出售股份,出售股份的資產增值稅為10%或20%,比出售物業低8個百分點。這個操作將固定資產(物業),以公司形式變成流動資產(股票),以節省8%的資產增值稅。

這個前提是下一手的買家,看到「原業主」的公司賬目分明,沒有任何隱藏負債,有興趣買起整間持有物業的100%公司股份。同時下一手買家更不用繳付物業印花稅5%至12%,但買家仍需要繳付股權轉讓稅0.5%。

然而,若下一手買家是購買物業自住的,並不打算購買其公司股份以作出租物業,在這個情況下,公司的擁有人將物業出售,當中不用繳付資產增值稅,而是需要繳付公司盈利稅19%,因為物業就等同公司持有的「貨品」,貨品賣出獲利,需要繳付公司盈利稅。

以公司持有出租物業享有更多的出售途徑及彈性,例如經濟環境好的時候,投資出租物業時,買家可以選擇購入公司,即等同是股份轉讓,這樣買賣雙方都可以慳稅。

持物業的公司 股東宜有兩人

在英國開設公司，只需要一名股東登記即可，不過筆者認為如有兩個股東可以更有效地營運公司，例如父子同為公司股東，即使其中一位不幸離世，也不會令公司營運中止，另一股東可以繼續操作戶口、提款、收租，繳付各項費用支出等。

如果公司股東只有一位，而不幸離世，令公司被迫中止營運，就要等下一位繼承人，整個繼承時間或許拖幾年，物業或許錯過更好的時機「出貨」。至於離世人士如立有遺囑就依遺囑執行，如沒有就跟英國遺產法去分配。

一間公司持有一物業

至於以公司持有物業，如果是多間物業的話，筆者建議可以考慮一間公司只持有一間出租物業，原因是將來要出售物業會比較方便。筆者曾接觸過一個英國樓的資深投資者，他持有20間出租物業，便為此開設了20間公司，雖然註冊20間公司具一定成本，但好處是對日後轉售比較容易，因為假設一間公司持有兩間以上的物業，下一手買家可能只對A單位有興趣，對B單位興趣不大，不打算購入全部物業，那麼只出售A物業會比較繁複。以一間公

司持有一間物業的好處還有，租金收入如果處於5萬英鎊以內，稅率維持在19%。

不過，以公司持有的物業亦有其不足之處，除了無法扣減個人免稅額之外，以公司持有的物業可以申請按揭的銀行種類比較少。另外，以公司名義申請的按揭貸款的利率也會較高，按揭利率比個人名義申請或高出約1%，但是銀行也會根據申請人的借貸的金額，其公司入息來衡量按揭利率。當然「優質的投資者」，即是按揭成數在65%或以下，高入息、信貸紀錄良好的投資者，其按揭利率或與個人出租物業按揭利率相差不會太遠，至於在加息周期，個人名義及公司名義購買的出租物業的按揭利率反而差不多。

5.3
公司持豪宅需付「豪宅税」

以公司名義持有豪宅會被徵收俗稱「豪宅税」（Annual Tax on Enveloped Dwellings，ATED），這是基於英國税局不想有人以公司名義持有豪宅避税，更不鼓勵以公司名義以多項支出扣減税項，例如旅遊的開支，各種奢華設備的開支，例如買電腦、奢侈品牌傢具，而且豪宅税徵收費用更是經常提升。反而以個人名義持有自住物業，不用繳付這些額外費用。

豪宅税按樓價收取特定費用，可以合理想像，物業價值愈高，需要繳付的豪宅税金額便會愈高，圖表 5.8 詳列了相關的税費以作參考。另外，以公司名義買入的豪宅超過 50 萬英鎊，購買時劃一需要繳交 15% 的土地印花税。

圖表 5.8

「豪宅稅」2023 年 4 月 1 日至 2024 年 3 月 31 日的收費金額

樓價	每年收取的費用
超過 50 萬至 100 萬英鎊	4,150 英鎊
超過 100 萬至 200 萬英鎊	8,450 英鎊
超過 200 萬至 500 萬英鎊	28,650 英鎊
超過 500 萬至 1,000 萬英鎊	67,050 英鎊
超過 1,000 萬至 2,000 萬英鎊	134,550 英鎊
超過 2,000 萬英鎊	269,450 英鎊

公司註冊及會計費用成本

大家也要注意,以公司持有物業還有其他成本,例如每年營運公司的既定成本。如果身在英國,並透過網上登記公司註冊,費用只是 12 英鎊,若以郵寄申請,費用也只是 40 英鎊;但是如果身在香港,透過中介登記公司註冊,坊間收取費用約為 5,000 至 1 萬多港元。另外每封郵件都會逐一收費,以及每年需要會計報稅費用 300 至 500 英鎊,加上其他雜費,每年支出近 1,000 英鎊,這些零碎的成本不少。

勿將個人開支記入公司賬

於英國經營公司，切忌以開香港公司般的思維經營，英國公司難以
「造數」令自己完全不用交稅，英國政府亦會定時檢查公司賬目，
如果公司賬目連續3至4年都沒有任何盈利，稅局或會抽出來檢
查，而責任便落在公司的董事身上。

雖然一切以慳稅為大前提，但是出租物業完全沒有盈利，公司不
用交稅，反而會引起稅局「開file」，認為賬目有明顯的問題，或
將不同名目的「營運開支」都放在公司的支出部分，令公司沒有
任何盈利。

現時是「BNO 5+1」的進程中，筆者奉勸大家不要「擦邊球」。始
終英國對每間公司的開支賬目都有明確的要求，若是個人的開支賬
目，不應放在公司。如果被英國稅局重新檢視公司財務報表，認為
當中賬目有問題，就必須要有合理的解釋，日後懲罰性的稅務更屬
害，同時或影響未來申請永居及入籍進程，反而得不償失。

5.4
遺產稅要留神

與香港不同，英國是有遺產稅的，換言之，大家持有的物業日後若要由子女繼承，他們需要支付相關的遺產稅以繼承物業，如果子女無法支付費用以繼承遺產，甚至有需要被迫變賣物業交稅，然後只能承繼交稅後剩餘的餘款。所以如果不想子女日後繼承遺產時承擔大額稅款，在處理物業持有權上，可以及早作出規劃及部署。

遺產稅率高達40%

英國的遺產稅稅率高達40%，基本免稅額（Nil Rate Band）並不高，只有32.5萬英鎊。當離世時，無論遺產總值是否超過免稅額，一律都要通知英國稅局（HM Revenue and Customs, HMRC），同時英國是全球徵稅的國家，一旦成為英國稅務居民，並擁英國居籍（Domicile），除了英國當地的資產，所有海外包括香港的資產都會跌入稅網。

假設一個中產家庭移居英國後，父親擁有價值100萬英鎊的出租物業，離世後將所有遺產留給配偶，即使金額超過32.5萬英鎊，都無需繳付遺產稅。如果將房屋留給子女或孫子女的話，在扣除32.5萬英鎊免稅額後，剩餘的67.5萬英鎊的價值，如沒有經過任何規劃，需要課稅40%，即日後繼承人，如需要繼承父親的資產，潛在必課遺產稅27萬英鎊，如果手上沒有足夠的現金，需要變賣手上的資產來交稅。

那麼，如果在離世前將財產全都贈予他人以達到免稅的效果，這做法是否可行？如果是這樣的話，遺產稅便形同虛設，因此英國對於何時贈送禮物，需要因而繳交多少遺產稅都有明確的規定，一般稱為「7 Year Rule」。這個贈送禮物可以是任何有價值的東西，例如現金、物業或任何財產。如果將某財產以低於其合理價值的價格轉賣給他人，該差價亦會被納入課稅範圍。

簡單而言，如果在離世前三年內轉贈他人的財產，均需要繳付40%的遺產稅。如果超過三年的話，遺產稅率則每年遞減8%。例如三至四年內遺產稅率為32%，四至五年內為24%，如此類推。超過七年的贈予則毋須繳付遺產稅。

生前贈予需為物業再估值

如果父母生前想贈送英國物業給子女，以節省遺產稅，最直接的方

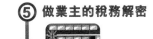

法可以將物業轉移到子女名下，但要留意若父母在七年內離世，則需要按照「7 Year Rule」的規定。

整個轉名程序開始之前，父母或需要償還物業按揭抵押或擔保的貸款。同時轉名時亦會涉及資產增值稅、物業估值、以及登記變更申請費用等。

如果物業已購入一段時間，物業或有增值，或需要支付資產增值稅（物業基本稅階18%，更高稅階28%），故此物業需要進行估值。一般而言，會由英國特許測量師進行估價，費用通常依物業類型及複雜程度而定，例如三房獨立屋（Detached House）的估值費用一般會在500至800英鎊之間。估價報告通常包括詳細的物業描述、地點、建築條件，近年的同類型交易比較及市場趨勢分析等。

同時英國各大樓盤網站亦有免費的估價工具，大家亦可以進行初步估價，例如Zoopla（https://www.zoopla.co.uk/）、Rightmove（https://www.rightmove.co.uk/）、OnTheMarket（https://www.onthemarket.com/instant-valuation/）等。同時亦可以聯絡其代理行估價，代理會收取相關的費用。

另外雙方在物業登記變更申請時，需要提交相關文件，例如物業登記證明、父母和子女身份證明、父母同意書等。另外填寫物業登記變更申請表格（https://www.gov.uk/government/publications/change-the-register-ap1），亦需要繳付相關費用，按第2標準費用（Scale 2 fees）價值10萬英鎊或以下，透過郵寄支付費用為45

英鎊。價值最高為超過100萬英鎊,透過郵寄支付費用為305英鎊。另外,處理過戶的律師或會收取100至500英鎊,另加增值稅的費用。

完成登記變更申請及付款後,英國當局便會處理相關申請,子女可以取得物業的合法所有權。

另外,每人在每個納稅年度(即是每年4月6日至明年4月5日)可享有3,000英鎊的年度豁免(Annual Exempt Amount)。即是贈送不超過3,000英鎊的禮物,將不會被計算遺產稅。

圖表5.9 遺產稅例子

假設父親離世時有100萬英鎊的出租物業資產由兒子繼承,以下為離世前七年贈予的稅款佔比。

贈予與離世相距的年份	遺產稅稅率	稅款
少於3年	40%	27萬英鎊
3至4年	32%	21.6萬英鎊
4至5年	24%	16.2萬英鎊
5至6年	16%	10.8萬英鎊
6至7年	8%	5.4萬英鎊
7年或以上	0%	0

另外，大家可能想到的是父母和子女夾份買樓，這樣便可節省遺產稅，但要注意的是，如此夾份買樓，變相減少了一個首置名額，因為英國的首次置業（First Homes Scheme）是有機會可以以市價的3折至5折購買新樓。這題目筆者會在第七章再詳細提及。

公司持物業 讓子女一同做股東

父母如有物業出租投資，而又不想將來子女要繳付大額遺產稅才能繼承的話，最佳的演繹方式是開設公司，並以公司名義持有出租物業作投資用途，這樣，日後子女在繼承資產時，便可以節省高達40%的遺產稅。

做法是父母在購買投資物業的時候，以公司名義持有物業，同時加入子女成為公司股東，並透過股權轉換增加子女的持股比例，從而節省日後子女繼承資產的遺產稅比例。

筆者的一位朋友Joe，年屆67歲，在2021年一家以BNO簽證登陸英國倫敦，他唯一的女兒Lisa現年30歲。Joe退休前是從事金融，當初移英前已沽出香港的物業及變現各種資產，在英國倫敦購入數個物業出租養老，現時物業市值已達3,000萬港元。

他指由於物業用於出租為主，當初買入時，徵詢了專業意見後，以

公司名義持有這數間物業。在開設公司時，他加入女兒成為公司股東，各自持股比例為一半。

他表示，自己年紀不輕，加上太太在數年前已離世，自己只有一個女兒，需要及早部署遺產稅的計劃。他笑言，目前任何一間倫敦物業已「打爆」遺產稅的免稅額32.5萬英鎊的上限，如果打算將物業傳承給子女，在子女年滿18歲時，開設公司持有物業，再加入子女成為公司股東，這是其中一個可行的方法，每年再將自己的持股轉讓給女兒，令女兒的股份逐年增加，直至到將股權百分之百轉換給女兒為止，已經可以節省遺產稅的部分。

Joe表示，如果以個人名義購買物業，自己及女兒在每層物業都是聯名買入，欠缺彈性。自己開設公司持有物業，有更多的靈活性，可以隨時更改股權架構。例如自己是公司的董事，一來是為遺產稅鋪路，二來是防止女兒不經自己同意下出售資產。

七年定律影響交稅比例

在Joe的例子，筆者看到為人父母的苦心。但如果父母在開設公司的時候，子女未滿18歲，無法成為公司股東，同時父母亦決定會在兩、三年後，等子女成年才轉讓股份給他們，如果此時父母不幸離世，只要「轉讓股份」被定義為送贈，亦需要根據「7 Year Rule」，即是父母在世轉贈遺產給子女需要等7年的時間才可以免去遺產稅。

「7 Year Rule」這個稅項的定律，主要是令父母及早計劃遺產分配，不要在臨終的時候，才將資產送贈給子女。但是更重要的是如果沒有「送贈」這個動作，如子女要繼承資產，所有資產超過32.5萬英鎊的部分，全部需要課稅40%，並不享有七年遞減遺產稅的定律。

另外，假設父母在開設公司時，子女已持股80%，父母持股20%，如果父母不幸離世，又未完成整個贈予過程(即是「7 Year Rule」，父母在世轉贈遺產給子女需要等七年的時間才可以免去遺產稅)，那麼父母持股的20%，便需要按市值減去免稅額，再扣除40%的遺產稅。

6

英國按揭解密

6.1

Cash Buy 或做按揭的考慮

現金買家（cash buy）最大的好處是有更大議價空間，尤其是樓市「牛皮」或現下行跡象，現金買家更有議價能力，可以談判到更好的價格。由於現金成交的程序較簡單，不用等待出售上一手物業套現後，才有資金購買下一手物業，亦不用等待銀行漫長的按揭審批過程。由於成交期短，業主更喜歡與現金買家交易。

現金購買　議價力大

另一個好處是在加息壓力下，部分業主可能因為難以支付按揭利息，為了資金盡快回籠急著要盡快出售物業，令買家有更大議價能力，或可能接受較低的出價。同時，現金買家亦不用理會按揭利率的波幅，不受借貸成本上升影響。

根據萊坊2022年10月份的數據指，英國現金買家佔整體銷售額的比例，其平均水平為31%。

以按揭買 有銀行查冊保底

現金買家需要注意一些風險，例如不清楚物業內櫳及狀況，或影響日後出售。部分英國二手物業如列明只限現金買家，便需要留神。英國二手物業有一定的樓齡，甚至逾百年，買家需要清楚了解物業結構是否存在隱憂。這就是筆者為何建議大家即使是利息貴，也盡量「少少哋」都借按揭的原因，因為一旦申請借按揭，銀行的盡職審查報告可令買家徹底了解物業質素是否值回票價，日後出售物業

亦有買家願意承接,因為銀行不做蝕本生意,亦不想物業淪為銀主盤。

一般而言,銀行會查核該物業的四份報告。其一,地方政府的調查報告(Local Authority Searches),即是該地區未來的發展藍圖,例如購買的物業附近未來是否計劃起樓,新建樓宇或會影響物業的升值潛力,故銀行亦會將其納入考量範圍。

第二份是物業環境調查報告(Residential Environmental Searches)。主要查看該物業會否有水浸風險或者受污染,由於英國以前有不少工業用地,例如石礦場,所以要考慮有沒有沉降或泥土受污染等問題。

第三份是水管調查報告(Water Drainage Searches)。檢查物業排污狀況,或水管是否生鏽等。這份報告是確保物業不會因公共下水道、管道或排水溝引起任何洪水及洩漏。

第四份是地方教堂的調查報告(Chancel Repair Searches)。適用於英格蘭及威爾士,若物業附近有教堂,在一定的範圍內,業主需要夾錢做維修,這是英國一直以來的傳統,業主可購買相關保險,大約50至100英鎊以解決問題。

除了以上四份報告外,銀行還會要求取得外牆是否含有易燃物料的報告,18米或以上的物業,如沒有EWS1表格,不能借按揭。

6.2
按揭種類繁多

不少讀者好奇在英國應如何承造按揭，說實在的，在英國承造按揭與在香港承造按揭確實存在差異。在英國買樓欲承造按揭，買家是想「Buy to Let」還是「Buy To Live」，在申辦按揭的程序以及要求上已經十分不同。英國的按揭，主要分為固定利率按揭或浮息按揭，甚至有還息不還本的按揭，以及伊斯蘭按揭。投資英國樓的初哥，多數會被這些專有名詞搞亂，所以投資英國樓的第一步，需要釐清這些概念。

在香港，銀行批出按揭貸款是計算申請者的供款佔入息比例，例如以首次置業並自住的買家為例，最高可借出九成按揭，換言之，買家需付一成首期，銀行會計算在按息增加三厘後，按揭供款不超過借貸者入息的60%。至於出租物業最高承造五成按揭，供款佔入息不可高於50%。在英國，也會以申請者的入息作為考慮，但審批準則會有所不同。

英國主流按揭大致分為出租按揭（Buy To Let）及自住按揭（Buy To Live）。在英國申請按揭與香港最大不同，是英國的壓力測試以

每月收入扣除個人生活成本及各項支出後，仍有餘款可以供樓時，才按餘款比例批出按揭額度。而出租物業的按揭則會考慮出租物業可收到多少租金，在銀行角度，租金收入應能支付按揭貸款供款的125%。

英國的首置人士申請自住按揭，按揭成數（loan to value，LTV）最高可達95%的LTV，至於出租物業的投資按揭則是75%。然而並非所有物業均可申請按揭，例如欠缺外牆防火審查表（EWS1 The External Wall System form）的大廈便無法承造按揭。另外，物業內部及附近環境如有入侵性植物例如日本虎杖，以及物業業權複雜等，亦難以承造按揭（詳情可參閱章節6.5）。

出租按揭(Buy To Let)

非英國居民的海外投資者買入英國樓，很多時候都會選擇用「Buy To Let」按揭，即是「買入後出租」的意思。即使是在當地的英國居民也會利用這類按揭，購買自住以外的第二套出租房。這一類按揭，顧名思義業主是不可以自住，只可以出租。同時入住租客不可是父母、配偶及兒女，因為銀行已假設業主不會向親人收取租金。不過，「Buy To Let」的好處是，按揭貸款的計算方法是以預計的租金作為主要計算，大多數貸款的銀行希望租金收入比每月還款額高出25%至30%，所以對於業主本身的薪金收入要求要比較低，

申請按揭最低的入場門檻是不少於（税前收入）年薪2.5萬英鎊，以及申請的借貸金額不可少於10萬英鎊。

「Buy To Let」按揭成數最高可以承造樓價的75%，買家要提供的資料包括糧單、税單、每月支出證明、公司證明信、身份證及首期資金的來源等等，每間銀行均有其準則。

另外，出租按揭的負擔能力通常以利息覆蓋率（The Interest Coverage Ratio，ICR）來評估。一般而言，ICR是讓銀行確定借貸方可支付未償債務利息的能力及衡量借出資本的風險，即是俗稱的「壓力測試」，ICR即租金收入與按揭貸款還款的比率，通常會以125%至145%計算。

在低息環境下，假設當前按揭利率為2厘，買家要向英國銀行申請10萬英鎊按揭金額，供款年期為25年，每月還款為424英鎊，假設在「壓力測試」下，息率需要增加至介乎5至5.5厘，每月供款便會相應增加至530至573英鎊，意味每月租金最少要達573英鎊，才足以通過ICR 125%。

至於個人收入方面，雖然有年薪2.5萬英鎊的要求，但銀行會在借款人每月收入扣除個人生活成本20%至30%，然後再扣減10%的港元兌英鎊的匯率波動風險（適用於海外人士），以及每月債項的支出。以上述例子為例，在扣除這些開支後，買家的年收入剩餘款項最少要達6,876英鎊，即每月573英鎊。那麼，即使沒有租金收入，每月剩餘的收入也足以支付加壓後的物業供款。

這些按揭的計算方法，網上有不少的「Buy To Let」計算機，有意投資英國物業的買家可自行上網搜尋。

圖表 6.1 按揭計算機壓力測試例子

按揭貸款金額	10萬英鎊
當前利率	2厘
每月供款	424英鎊
壓力測試息率	加息至5至5.5厘
壓力測試後每月供款	530至573英鎊

有海外投資者申請按揭時，或會隱瞞其外國的借貸還款紀錄，雖然英國銀行不會查閱相關報告，但提防一旦被發現，銀行必定因申請者的不誠實而叫停按揭。另外，在申請者的銀行月結單上的支出，銀行會要求申請者列出支出明細及解釋。

自住按揭(Buy To Live)

與「Buy To Let」相反,「Buy To Live」意思即是買來自住。按揭的成數較高,而且利率較低,不過沒有了租金收入,按揭壓力測試的方法比起「Buy To Let」更為嚴苛。買家每月入息扣除生活成本、債項及匯率風險等約30%至40%後,餘下的年薪的金額可以借貸4.5倍。假設年薪為5萬英鎊,七除八扣後(假設六五折)為3.25萬英鎊,所以可借到的金額為14.625萬英鎊(3.25萬鎊X4.5倍)。

若是當地稅務居民申請Buy To Live按揭(又名為Residential Mortgages),並在當地有穩定工作收入及良好信貸紀錄,在2021年的低息環境按揭利率可低於兩厘,最多可以借八成,若是首次置業買家或可達九成按揭。不過,及至2023年3月自住揭利率已升至3.96%至4.43%。

固定利率按揭

釐清了是自住還是出租而申請按揭後,便要考慮使用固定利率或浮動利率計劃。

固定利率(Fixed Rate)抵押貸款,是即使利率在未來發生變化,例如預計不斷加息下,每月的供樓還款額在整個貸款期限內仍保持

不變，令供款人更容易管理每月財務上的支出。一般設有兩年、三年、五年，甚至設有十年期。固定利率按揭貸款在加息周期或預計面臨加息時，為較受供樓人士歡迎的貸款產品，由於每月支付的穩定性開支，使每月的預算更容易掌握，亦特別適合初次置業人士。

英國銀行目前承造 Buy To Let 按揭成數大多為 60% 至 75%，由 2021 年至 2023 年英國已連續十次加息，英倫銀行基準利率（Basic Rate）由 2020 年的 0.1 厘的低息，升至 2023 年 2 月的 4 厘。以 2023 年 2 月為準，英國滙豐銀行兩年期固定利率，並承造 75% 按揭，利率已升至 5.14 厘，五年期固定利率則為 5.04 厘。

英國物業按揭年期可長達 25 年，劃分固定利息兩年、三年和五年，在正常的低息環境下，按揭年期愈長按揭息率愈高，即是每隔兩年、三年或五年重新再挑選一個新的按揭計劃，向原本的銀行續簽按揭並非重新再申請按揭，而是簡單續簽即可，概念猶如參加電訊公司的手機上台計劃，電訊公司會提供一個優惠月費，簽約兩至三年，完約之後電訊公司員工便會向機主查詢未來會否續約，如機主發現市面上有更優惠的計劃，可攜帶電話號碼轉台。

申請英國樓按亦是同一道理，申請者不會因現時的利率優惠，而可以鎖死以後 25 年的利率也是不變，反之，市面上會因應經濟環境提供不同的利率。每隔二至五年，固定利率期限過後，樓按申請者可重新審視市面上是否有更優惠的利率，而決定是否跟原本的銀行續約，或是將按揭轉去另一間銀行。

如果樓按申請者沒有續約，固定利率到期時，銀行的open term利息較貴，假設固定利息兩年是3厘，open term有機會加至5厘，目的是希望樓按申請者盡快續約，當然在合約期滿後，樓按申請者可以自由轉換其他銀行，但如果在合約期內轉換其他銀行會有罰息，罰息情況或金額因應不同銀行而定。

另外，在香港一般是優惠新客戶，但在英國則是優惠舊客戶，假設新客戶承造按揭，市場利率為5厘，舊客戶重新續約保留按揭可能會是4.5厘，比市場利率更優惠，但是加息周期下，不少銀行對鎖定按揭利率仍然保守。

固定利率的缺點則是靈活性較低，如果央行「放水」，市場在量化寬鬆下減息，利率下降，進入低息環境，但是固定利率已限制了借款人的每月固定供款，在低息情況下，貸款期限內或可能會付出更多的利息。

浮息按揭

浮息按揭則是使用浮動利率（Variable Rate），基於基準利率（Basic Rate）及標價利潤（Specified Margin）而定出浮動利率，2023年2月基準利率為4厘，以2023年2月作為例子，英國滙豐銀行兩年期浮動利率，並承造75%按揭，利率為6.35厘。

浮動利率的優點最主要是還款具靈活性，尤其是低息環境下，可以隨著利率下調享有更優惠的還款利率。浮動利率亦是一把雙刃劍，如果利率上升，意味業主的還款額也會相應增加。

還息不還本按揭

出租按揭（Buy To Let）亦分為「還息不還本」（Interest Only）以及傳統的還息又還本（Principal and Interest, P&I）兩種。

不少於英國置業的專業投資者會選擇還息不還本為其還款方式，根據英國金融（UK Finance）數據顯示，在2012年有大約320萬宗未償還清的Interest Only物業貸款個案，相當於所有抵押貸款物業的三分之一，反映該按揭還款方式在英國是十分普遍，然而當踏入加息周期，英倫銀行基準利率（Basic Rate）由2020年的0.1

厘，升至2023年2月的4厘。選擇「還息不還本」的投資者銳減近70%，及至2021年急降至100.6萬宗。

選擇「還息不還本」按揭，究竟有甚麼注意事項？

「還息不還本」按揭相比傳統的按揭，即是買家每月只需償還利息，不用償還物業的借貸本金，每月的供款比傳統的按揭還要低。如果在樓市向好，業主的投資表現良好，獲利後可以一次過還清抵押貸款的本金。但是從長遠來看，「還息不還本」繳付的利息會更多。

在樓市下行時，業主亦要預留資金，在還款年期完結前，即是最後一期供款後，需要一次性繳付所有借貸本金。一般而言，申請Interest Only比還息又還本按揭的資產審批要求更高，例如銀行會審視申請者是否有正現金流及審視業主所持有物業的價值等。

如果申請者經銀行評估為專業投資者，會更易批出Interest Only。銀行認為專業投資者可承受的風險較高，在承造按揭25年期過後，有足夠能力償還所有本金。另外，銀行評估時會看申請者已成為業主多少年，有沒有買賣樓宇經驗，如年期愈長，可以承受的風險愈高。所以如果只是物業投資初哥，銀行未必批出Interest Only。此外，申請按揭的物業需要是正現金流，即是租金要足以涵蓋供款及其他雜費，例如物業管理費等。

相比Interest Only而言，傳統的按揭是還息又還本，供款是隨著年期增加而「息隨本減」，利息總支出較Interest Only為低，在批

核貸款方面亦較為容易。當然銀行如預測樓價下跌，申請者是否仍有償還能力亦是考慮因素之一。

「還息不還本」大多為專業投資者，而且投資比較進取，通常希望在扣除利息供款及其他雜費後「仍有錢落袋」，再槓桿上去投資其他物業出租。

借「還息不還本」按揭的投資者，通常前提是看好樓市未來或會升值逾一倍，待真正還款期時，樓價上升可以「一間抵兩間，甚至三間」，但是風險甚大，例如新冠疫情下不少租客棄租，業主需調動個人資金償還按揭每月貸款，若資金鏈斷裂物業隨時淪為銀主盤，故不建議初階投資者選擇。

值得注意的是，不少年長的申請者會傾向選擇 Interest Only 。如申請者年紀已達 50 歲，只可接受 10 年的按揭年期，選擇還息又還本按揭的話，每月供款將十分高昂。而由於選擇 Interest Only 供款不需償還本金部分，即使只有 10 年供款，每月供款更低，同時申請 interest only 亦不需受年齡限制。假設申請者 50 歲，有多年的物業投資經驗，可經得起風浪，銀行亦視之為專業投資者。

以下為一個例子（圖表 6.2），假設按揭借貸為 15 萬英鎊，按揭利率為 5%，供款年期 25 年，以還息又還本按揭供款，每月供款為 877 英鎊，當中有 625 英鎊為利息，有 252 英鎊為本金，然而，供款利息會隨著時間增加而減少，25 年期利息總和約為 11.3 萬英鎊，而供款完畢物業完全屬於買家。

若以Interest Only計算，每月純供利息，供款只是625英鎊，每個月供款看似減少近30%，比較輕鬆，但是最終仍要一筆過償還本金15萬英鎊。而且25年的供款總利息，比還息又還本的按揭的供款還要多，達18.75萬英鎊，甚至高於原來樓宇買價。

圖表6.2 不同的按揭計劃的還息還款例子

假設按揭借貸為15萬英鎊，按揭利率為5%（假設利率不變），供款年期25年。

按揭類別	還息還本（P&I）	還息不還本（Interest Only）
首年每月供款	877英鎊	625英鎊
供款總利息	11.3萬英鎊	18.75萬英鎊

伊斯蘭按揭

在英國申請按揭除了一般的大型銀行、中小型財務機構外，還有伊斯蘭理財（Islamic Finance）或伊斯蘭按揭（Islamic Mortgages），除了伊斯蘭教徒，其他人都可以申請。

伊斯蘭教教義禁止列明放貸人獲得固定回報或利息的借貸合同，因為會給放貸人帶來不勞而獲的收入，從而令借款人負上不公的責

任。故此，伊斯蘭信徒置業，若需要承造按揭，會使用符合其教義的 Islamic Finance。

在香港，筆者曾遇過有港人以公司名義申請此類按揭，申請原因離不開入息水平無法達到大型銀行要求，每月收入近2萬港元，由於是自僱關係，收入時高時低，但是看到不少人移民英國，亦想投資英國樓，計劃購買英國樓時又想申請75%至80%的高成數按揭，因而選擇此類按揭。當然收入不高或不穩定，申請高成數按揭，銀行基於風險管理，收取的「按揭利率」相對較高，行內的經紀稱「Higher borrowing ratio = Higher rates」，伊斯蘭融資方案是不存在「利息」二字。

目前英國提供三種類型的伊斯蘭抵押貸款，其一是合伙人（partnership, Diminishing Musharakah）制度，基本上「借款人」（即物業買家）跟銀行之間是一種聯合企業或合伙人關係，當購買物業時，兩者是共同擁有物業，「物業買家」付出的首期就是其所佔的股份百分比，其餘百分比就屬於銀行。例如物業價值30萬英鎊，買家付出6萬英鎊的首期，佔比20%，銀行擁有80%，為了購買餘下的股份，以致擁有整個房產，每月向銀行支付定額的「資本」。由於買家已入住該物業，同時每月亦需要向大股東支付按比例的租金，在特定的年期內（通常是25年），以購買銀行所擁有的股份，最終可擁有物業的100%。

第二種是「另類」的租賃制度（leasing，Ijara）一份讓買家由租到擁有物業的協議。買家有心儀的單位，並與賣方協定價格後，邀請銀行代為購買。這個方法是買家與銀行設立單一資產信託，以信託

形式買入物業，假設買家支付訂金10%至20%給銀行，成為信託的股份份額，然後銀行將物業「出租」給買家，買家每月支付定額款項給銀行，當中一部分是租金以及另一部分則是增持信託的份額，直到買家100%擁有整個信託資產。

第三種是利潤分成（Profit, Murabaha）。跟上述兩種很相似，大概意思是銀行以現金購買「商品」並將其出售給客戶以獲取利潤。由於客戶資金不足，以延期付款的方式購買「商品」。首先物業買家向銀行申請進行Murabaha交易，並承諾如果銀行買入物業，會購買銀行指定的物業。買家在延期付款條款上同意付款時間表，銀行在出售時可以獲取利潤。

伊斯蘭按揭在法律上並非押契，大多以合伙形式，一般的銀行或按揭經紀不喜歡承造這些按揭，因為法律手續繁複，按揭經紀收費較貴，以及審批速度很緩慢，由申請至成功批出按揭差不多花上九個月甚至一年的時間。

另外伊斯蘭教義不可以借錢，亦不可以賭錢，假設申請者被邀請去馬會用餐並付款，在銀行的月結單顯示了Jockey Club，伊斯蘭銀行不接納他只是去用餐的解釋，他們只認為是賭博地方，或因此不會批出按揭。

在申請按揭時，銀行大多會查閱近一年的銀行月結單，當發現有馬會相關的轉賬，有不明文規定或會拒絕申請。另外，在澳門做荷官、在馬會從事投注相關工作，對於他們來說，與教義有抵觸或不會批出申請。

英國按揭解密 ⑥

6.3
英國借按揭注意事項

介紹了英國各種按揭計劃後，談談在英國申請按揭的各類小細節，例如在英國申請按揭最低薪金要求、和不同人士夾份買樓能否順利承造按揭，以及如何可以延長按揭年期等等。

申請按揭年薪不能低於2.5萬英鎊

要在英國申請按揭，是有最低入場薪金門檻，年薪不能少於2.5萬英鎊，除此之外銀行是會追蹤每筆款項進出，需要申請者解釋資金去向，目的是要釐清反洗黑錢的疑慮。

曾有香港的申請者隱瞞香港借貸還款紀錄，例如有私人貸款、樓宇貸款，結果銀行發現申請者不誠實並要求合理解釋，甚至叫停按揭，甚至或影響個人信貸評級。

男女朋友夾份買樓 借按揭要求不同

雖然說申請按揭的入場門檻為年薪2.5萬英鎊，但如果是聯名物業，而該聯名是非配偶及親屬關係，對於年薪的入場門檻要求亦會有所不同：

例如男、女朋友打算「夾份」買英國樓，二人同為聯名業主，由於沒有婚姻關係，大部分銀行需要二人各自提供財政收入，每人年收入不能少於2.5萬英鎊，才可申請按揭。原因是銀行假設二人由於不是婚姻關係，將來或「有機會拆伙」，銀行需要各自都有能力負擔供款，擔心將來在物業供款上若有爭拗，其中一方仍可負擔供款。若二人為夫妻關係，即屬同一家庭，即使太太是家庭主婦，沒有收入，丈夫有2.5萬英鎊年薪，亦可申請按揭。

又例如2021年移英潮開始，不少移民當地的港人家族，透過多名家人集體投資持有多個英國物業，其中一個例子，物業是姊夫及弟婦聯名，只是純粹可扣減免稅額，由於弟婦是自由工作者，收入難以證實，姊夫月入超過1萬英鎊，以為高收入就可以通過按揭批核，但因銀行認為雙方不是配偶關係，不屬同一個家庭，最終不獲批按揭。一般而言，父母、子女、兄弟姊妹及配偶關係才可當為同一個家庭計算。

時刻保持良好信貸評級

另外，之前亦提及過，英國銀行批出按揭貸款金額上限，介乎申請者年薪四至五倍，實際數字亦要參考信貸報告評分（Credit Score），以及家庭開支及負債情況，不同金融機構進取度亦不同。

大家不妨考慮移英前，用香港收入購入出租物業，自製被動收入，之後正式移英，即使不打算立即入住出租物業，亦可在英國租住另一間物業，「以租養租」的方式，減輕財政壓力。

如未有在移英之前，以香港收入預先購入物業，亦可在登陸英國後，自製信貸報告評分，從而申請按揭置業。最重要的是有住址證明，盡可能避免經常搬家，入住短暫的Airbnb不計算在內，銀行

希望看到借款人的經濟情況穩定。經常搬家可能會讓銀行認為借款人可能難以支付租金。最好在同一地址居住一年或以上。

另外，在英國當地有工作及穩定的收入來源，僱主需為英國註冊公司，繳交英國稅，並非海外公司，例如在英國生活的港人仍為香港公司工作所提供收入證明也會令銀行產生懷疑。

按揭申請者最保守估計在英國工作滿2年，年收入不低於2.5萬英鎊便可向銀行申請按揭貸款，由於工作年期長及穩定，可獲得比市面優惠的按揭利率。也有港人登陸英國工作了半年，也可向銀行申請按揭貸款，銀行也會看其個人收入及英國公司背景等，但是批出的按揭利率一般較高，批出的按揭成數也未必太高。

另外記得按時還款，例如信用卡卡數、政府罰單。違約行為將在信用報告中保留六年。在短時間內頻繁申請信用卡或借貸，也會讓銀行認為是過度依賴信用卡或借貸度日，被認為違約風險很高。因此，申請信用卡，盡量每三個月不超過一張。

公司信證明或可延長借貸期

如果儲夠信貸評級的年期，又想「借平息」，可在公司信入手。買家入紙申請銀行（中小型銀行及財務機構除外）按揭的年齡為18歲至60歲以下，申請按揭計算出生的年份，並非月份，如果申請時已是60歲，銀行便不再接納申請。

銀行貸款年期最多借到65歲，除非公司可撰寫公司信證明，將會聘請該申請者延至70歲甚至更長時間，按揭年期便有可能延長至70歲或以上，或是公司信列明機構退休年齡並非65歲，這方面自僱人士的公司，比較著數可以靈活應變。

申請英國按揭所需要的文件包括有效護照副本、糧單、銀行月結單、貸款月結單以及資金來源證明。大部分的銀行機構，需要申請者提供有效的公司信（employment reference letter），當中內容包括列明現時職位，入職年期及薪金。

申請按揭提供稅單不是更有效的證明嗎？對於英國人來說，即使是由稅局發出的稅單已是過去式。即使是公司的糧單，也需要有負責上司的姓名，銀行需要有人「孭飛」證明申請者是公司真正的員工，在還未爆發疫情時，銀行亦大多會突擊打電話給出信人去證實申請者的就職狀況。

如果未能提供有效的公司信，或需向財務機構申請按揭，利率會較高。在香港買樓透過按揭經紀申請按揭是不用付費，甚至更可賺取現金回贈、超市禮券等，但是在英國恰恰相反，銀行會收取數項費用，包括按揭申請費約300至500英鎊及物業估價費用，約為樓價的0.3%至0.5%，二手物業如銀行估價不足，買家可選擇不成交，但是一手物業若估價不足，則需要自己「抬錢」購買，另外還有銀行服務費，為批出按揭貸款的1至2%。除了銀行收取的費用外，還有物業的查冊及土地註冊、律師費、家居保險及處理代理費等。

6.4

加按及轉按

在香港時有聽聞「七按樓」或「按爆廠」物業或被銀行強拍,然而在英國想加按物業,一點也不簡單。銀行會接受「Like For Like」的轉按,即是全數按揭金額從一間銀行轉到另一間銀行,通常是因為其他銀行的利率比現時的銀行低,所以需要轉至較低息的貸款,但是加按套現卻是十分困難。

在香港,不少精明的業主會選擇轉按,即使不用套現,也可以賺取現金回贈及超市禮券,但是在英國卻不同。由於只有少數英國銀行願意承造海外買家的按揭申請,以香港收入申請英國銀行按揭屬於小眾市場,銀行不會提供任何現金回贈或優惠給申請者,最多只會提供推廣的優惠利率,但是在加息周期基本上「零優惠」。

英國轉按加按三大類

在英國轉按、加按套現有以下三大種類:

其一,是轉會轉按(Like For Like)。將整筆按揭欠款由高息的 A

銀行轉去低息的B銀行，一般是可被允許。例如原本承造按揭的A銀行按揭利率為6厘，B銀行則是4厘，故過了罰息期，業主將按揭轉按至B銀行。如果純粹不滿銀行的政策或服務而轉按，實際上息口是沒有調低，即使當中沒有涉及資金套現，政策上是不允許。

轉會轉按時申請人必須有良好的信用記錄，每月定期償還按揭抵押貸款，同時提供兩年或更長時間的收入證明，以及擁有4.5倍的收入比率，另外轉按下的借貸金額不得超過當前的貸款金額。

其二，是加按（Equity Release）。假設樓價升值，想將現契在原本承造按揭的銀行加按套現。例如當年買入價為10萬英鎊，剩餘5萬英鎊的按揭未付，現時樓價已升值至20萬英鎊，可向銀行申請加按物業，提取更多資金用作投資用途，惟每間銀行對於加按申請的入息要求條件各不同，需向銀行諮詢。

其三是轉按套現（Refinance with Equity Release）。即是原本承造按揭的A銀行按揭利率為6厘，業主將整個按揭搬去息率4厘的B銀行，再加按套現資金。一般而言，加按套現是十分困難。在英國，若是當地稅務居民，在以下情況可以將物業加按套現。

其中之一是個人債務重組（Pay off existing debts/ Consolidate other debts）。假設物業按揭利率為4%，但欠下銀行不少卡數，需要償還信用卡的20%債務利息，將物業加按套現償還卡數是可行的。

另外是55歲以上的退休人士可以申請逆按揭。即是將主要住所套現，可以獲得一筆免稅的一次性套現款項，或是每月定期提取生活費，並且繼續住在該物業，直到去世。

海外人士加按的兩大準則

但是如果是海外人士，上述的兩個情況均不能應用。海外人士如要申請equity release或refinance with equity release 是需要符合以下兩項的原因：

其一，套現是用於家居維修或裝修，令物業價值提升。例如，更換地板，升級廚房、安裝新游泳池或修理屋頂等等。當然業主亦要提供證據，例如需要提交維修費用報價單，在維修前後，銀行更會派出職員前往單位觀察裝修前後對比，檢查是否有真正對物業作出相應的維修，最後才會批出套現貸款。

其二，是購買另一層英國物業。申請套現時，需要提交新買入物業的買賣合約證明。一般銀行做法，是將套現資金匯入將要購買第二層物業的代表律師戶口，直接用作繳付第二層物業的買賣資金，實際上申請的貸款是不會直接存入業主戶口，所以如打算最後以撻訂來欺瞞銀行是不可行的。

6.5

難以借按揭的物業

要在英國借按揭，本身不是容易的事，如面對有問題的物業，大多
會被銀行一口拒絕，借貸無門。以下為大家揭示多種要小心的物業
問題，筆者建議面對有以下問題的物業，讀者還是最好敬而遠之，
畢竟除了能否借按揭之外，也牽涉個人安全及往後出售的問題。

外牆防火結構問題

2017年的格倫費爾塔（Grenfell Tower）大火，當時造成72人死
亡，震撼整個英國。大火其中一個原因是外牆含有易燃物料，令火
勢迅速蔓延。2019年12月英國皇家特許測量師學會（RICS）和抵
押貸款人共同創建了EWS1表格，即18米或以上樓高的建築物，
都須經過防火檢測，包括外牆審查，才可以被買家承造按揭。換
言之，在2019年前的新樓如沒有EWS1表格，只可以全現金購入

（cash buy），同時亦要擔心自己是否住在含有易燃物料的物業之中。

2017年發生大火之前，大部分英國物業大廈外牆一直沿用鋁板覆蓋層ACM（Aluminium Composite Material）cladding的物料，加上英國天氣寒冷，外牆需要加建夾芯保暖層，大部分發展商會用上「高性價比」的PIR insulation物料，可以做到最平最薄的保暖效果，PIR insulation物料可以防水，但最大問題是不防火。ACM cladding與結構牆身中間留有「空間」，如遇上大火，火勢透過「空間」以及不防火的夾芯保暖層，迅速燃燒整棟物業。

然而拆牆移除ACM覆蓋層困難重重，加上全國符合認證條件的測量師不多，要找出有問題的大廈十分困難。假若承造一些高樓大廈按揭時，銀行直接告知無法承造按揭，買家便能知道外牆防火問題是否其中被拒絕的原因。

物業外牆需具防火證明

但是也有例外的地方，18米以下住宅則不需要獲得EWS1表格亦可承造按揭，法例容許18米以下住宅外牆使用易燃物料，當然這個高度是考慮消防雲梯可以伸展及火場，逃生距離及居民數目上風險亦較低，若有意購入相類近物業的投資者，需要考慮物業是否加裝消防噴灑系統、火警鐘警報系統等。

筆者建議若購入英國樓，物業最好是2019年後落成並持有EWS1表格認證，在購買物業時列明要求業主提供，若無法提供，寧願不要住在高層單位。

複雜業權 銀行拒談

另外，複雜業權亦是銀行在做盡職審查時考慮會否批出按揭的考量。

英國物業有分為Freehold（永久業權）及Leasehold（租賃業權），並且有滯空業權（Flying Freehold），即是指物業的業權可能有部分延伸到鄰居的範圍。

舉一個例子，有一物業看似是獨立屋，但是同一個車庫分別屬於兩間屋，與鄰居共用車庫，這些都是屬於複雜的業權，一般難以承造按揭，日後承接的買家要拆掉車庫，再分清地權，工程很龐大，銀行對於承造這種物業的按揭也是敬而遠之。

另一種是沒有物業管理的租賃業權（Leasehold）單位亦需要留意，如果銀行在進行盡職審查時，認定了這幢物業的公共空間（例如走廊、電梯及垃圾房等）管理不完善，也很難批出按揭。曾有大廈試過垃圾房沒有上鎖，有癮君子隨意進出及「屈蛇」，這些情況對銀行來說都是很大的風險，或會拒絕批出按揭。

至於一手樓花方面，買家也需要留神。雖然發展商在開售時已提供物業的相關報告，但是物業由開售至落成收樓，橫跨兩、三年，報告或許不是最新的，故建議買家在收樓前六至八個月承造按揭，令銀行進行盡職審查，以得出物業的最新的調查報告比較穩妥。海外人士投資英國樓始終是隔山買牛，買家宜找信譽良好的大型發展商，另外亦要留意買賣合約上的 Long Stop Date，若發展商過了這個日子仍未交樓便是違約，買家有權可以申請全數退款。

日本虎杖　難以根治

「房屋殺手」日本虎杖（Japanese Knotweed）亦是最令業主頭痛的植物，因為銀行直接將物業判「死刑」。

日本虎杖在19世紀由日本引入歐洲，當時作為觀賞植物，由於日本虎杖本身生長在條件惡劣的火山地區，生命力十分頑強，其根部可以鑽破石屎向地下生長達三米，甚至穿透物業的牆身及地板，令建築物滲水，故在英國有「房屋殺手」、「隊穿牆」之稱，其中最大的影響是銀行會直接拒絕批出按揭。

另外，物業轉售前，業主需要填寫 TA6 的物業信息表格給買方，當中需包含有關該物業的信息，例如，該物業曾處理過日本虎杖事件，如沒有如實申報或導致法律追究。

在英國專門治理入侵性植物的機構Environet，2021年發表的數據顯示，英國約有4%物業，涉及逾89萬間房屋因受日本虎杖入侵所害而被拖低樓價，每戶樓價平均要降低5%，即業主平均要減價逾1.3萬英鎊求售，當中涉資高達約118億英鎊。

2022年夏天英國熱浪侵襲，炎熱天氣加速日本虎杖生長，它們最有可能出現在路邊、鐵軌附近、廢土及物業後花園。由於日本虎杖入侵性太強，英國政府官網對於日本虎杖有明文規定的根除方式。除了聘請專業人士外，更需要使用由政府批准的除草劑，如生長地方靠河道或水源，更需要向環境署申請許可證明才可以動工，而且治療期長達至少三至四個季節。除草成本高昂，故筆者不建議買入有日本虎杖的物業。

如果屋內、附近環境甚至鄰居都有日本虎杖，物業根本「無得救」。即使取得環境報告，又向當局申請「落藥水」清除，又或者將整棟物業拆毀，連根拔起甚至連地底下的泥土也一併鏟走，亦有機會死灰復燃。

2022年曾有讀者來信指，為了小朋友的校網，以現金火速買入曼城Altrincham三房的獨立屋，post code為WA15，底價只是20萬英鎊，足足比市價平超過一半，但是標明是要現金購買，最後該讀者在沒有做任何測量報告下，買入後發現物業有日本虎杖問題，令自己陷入進退兩難的局面。

現金購買　做好事前評估

剛登陸英國，沒有信貸評級，又沒有NI號碼等，在沒有任何住址及工作證明下，在英國的收入證明等於「零」的情況下，難以說服銀行批出按揭申請，在這個情況下，如果不急於置業，宜花兩年時間重塑個人信貸評級報告。

如不想錯過一間優質物業，唯一的方法就是現金買入，但是最好聘請測量師入屋驗樓，如果不放心物業結構問題，可以選用坊間最貴的第三級測量報告（Home Survey Level 3），報告會對物業的結構狀況進行全面評估，還包括日後需要維修的估計成本，但是無法提供物業的確實估價。另外在英國，即使花費了一大筆測量報告費用，亦並非每一位英國的測量師會十分仔細及盡責地列出問題。

目前在英國一般的測量報告平均費用約400至1,425英鎊之間，具體取決於房產價格和物業的大小、位置以及物業類型，如果是100萬英鎊以上的物業，就需要另外報價。

留意建築結構問題

英國在2022年因著通貨膨脹及加息連帶反應，二年期及五年期固定按揭利率曾升穿6、7厘，加上申請按揭的審批愈來愈難，不少準買家很難借到按揭，打算用cash buy購買心儀的英國樓，卻怕買中「化妝樓」或是有問題物業。

筆者仍是奉勸各位買家盡量向銀行申請少少按揭，除了可以知道物業存在的結構問題，另外銀行的測量報告比坊間最貴的第三級測量報告（Home Survey Level 3）更嚴格，雖然第三級報告已是對物業的結構各狀況進行全面評估，還包括日後需要維修的估計成本，但是無法提供物業的確實估價。

若是打算用cash buy購買英國樓的讀者，筆者認為最大考慮是結構問題。如果看到門框有傾斜問題，盡量避免購入。

英國有不少「屋仔」喜歡加建閣樓，其中一個例子是屋主為cash buy買家，整個買賣過程中只做最簡單的測量報告，在兩年前買入了加建閣樓，樓高三層的「屋仔」，2022年這位屋主以BNO Visa登陸英國後，入住「屋仔」前，決定加建樓下的廚房，並延伸出後花園的部分空間，可是卻發現二樓的兩個房間無法關門，他一直以為是自己加建廚房的「後遺症」。

經專業人士評估後，原來上一手業主在三樓加建閣樓，又加建了廁所及企缸，為了用盡空間，更將三樓閣樓上的橫樑取走一半，導致

物業向內傾斜，因為三樓的整個閣樓超重「壓下來」令二樓的牆身傾斜，上一手業主為了遷就門框的開關，更打斜削去部分門的面積。這些上一手遺留的問題，買家在買入物業前聘請的測量師並沒有發現，最終買家仍是花費一大筆金錢找相關人士處理牆身傾斜問題。另外，買家亦從法律途徑追討測量師失職，但又是一場漫長的法律抗爭。

留意地牢滲水問題

另一方面就是漏水及滲水問題，由於有不少英國樓都有一定的歷史，容易有漏水問題，而最常出現的地方是地牢，因為低於地面，是挖出來的空間，由於四面都是牆壁，加上若牆壁內沒有防潮層（DPC），如果下雨的話，雨水透過泥土滲入四面牆壁，就會出現滲水，牆身會出現泥土色的水漬，同時地牢的水無法去水，磚牆在吸收水份後一直向上滲透，牆身腐爛或影響將來轉售。

生活在潮濕和發霉的環境中也會對健康產生影響，導致各種呼吸道問題，例如呼吸道感染、過敏、哮喘以及免疫系統減弱，尤其是影響幼兒、老年人及長期病患人士。

如果牆身有水漬，「化妝樓」投資者會大多以草綠色或黃色的油性油漆去遮蓋水漬，當然「化妝樓」最常用最低的成本去做化妝，一

般牆身及屋頂都會用上同一種油漆,令到買家錯覺以為很新淨。買樓的時候最好是物業內外看一遍,如果發現屋外牆身長滿了青苔,即是牆內的潮濕無法散走,因為長期潮濕才會生青苔。

筆者認為,需要用現金購買物業的人士,記得落足眼力驗樓,當發現門框、磚牆、石膏板上有裂縫,即使是新樓也會有裂縫,最少也要做測量報告。

物業質素差 無法出租

有位年近50歲的讀者曾Inbox筆者表示,為了資產配置,有意購入英國樓,加上2020年至2021年英國樓升幅凌厲令其心動,他及家人也無意移民英國,只是純粹投資收租,2021年是第一次投資海外物業,故想請教做功課。

當時筆者也有不少提點,包括提醒他聘請可靠的buying agent幫忙購入心儀單位。由於是投資英國樓初哥,亦從未踏足過英國,對當地房地產市場為「零認識」下,故奉勸他不要以香港思維植入英國置業當中。尤其是自己處於「零方向」,可聘請有誠信及可靠的buying agent幫自己物色單位,他們需要以買家利益為先。

在香港，經紀可以代表買賣雙方，但是在英國，這一套行不通，除非投資者有該方面的專業知識，可以自行跟業主的代表經紀談判，否則不要為了節省費用，貪著數購入有問題的物業，影響日後物業重售。

筆者也提醒他不要full pay英國樓。最主要是投資初哥，沒有當地人脈尋找專家提供專業的盡職審查報告，尤其是逾百年樓齡的二手物業，即使有能力full pay，都做少少按揭，最主要是銀行的團隊，其盡職審查報告可令買家了解物業潛在的問題，例如是否鄰近礦場、物業會否含有致癌的石棉，「隊穿牆」的日本虎杖等。

過了一、兩個月後，讀者又再興高采烈地Inbox筆者，他表示，已購入一間英國獨立屋，大約百多萬港元「十分抵玩」。整個過程是自己跟業主的代表經紀商議，不用收取任何佣金費用，內櫳看圖片十分新淨。

他續指，由於2021年時在香港申請Buy To Let按揭的利息高達3厘，又要繳付按揭經紀及銀行登記費用，最少要花掉數千英鎊，為了節省開支，故加按了香港已供滿的物業，再full pay了英國樓，故比一般物業成交期更快。

筆者隨後問他是否已聘請測量師及相關專業人員，提供物業環境調查報告（Residential Environmental Searches）、水管調查報告（Water Drainage Searches）、地方政府的調查報告（Local

Authority Searches）及地方教堂的調查報告（Chancel Repair Searches）等等，另外提醒他要買入業主保險。他表示，物業內櫳十分新，看似問題不大，應該沒有結構問題，筆者看他不為所動，也不便再勸告，或許是「符碌執到筍貨」。

一年過去，2022年又再收到該名讀者的求救，他說購入物業後，無法出租已丟空近一年，現時又要償還香港的按揭貸款，又沒有退休的「被動收入」，誰知投資百多萬，以為買英國樓很容易，現在是「一殼眼淚」。

他表示，當初沒有聘請代表經紀，原來物業存在不少問題，當時看圖片被「化妝樓」所蒙騙，導致無法出租。最終發現物業有mining問題，加上屋頂含有致癌物石棉，而且範圍頗大，另外boiler無法使用，出租代理希望他處理好物業問題，才代為出租。然而出租代理報價的工程費用所費不菲，加上人在香港，又不認識當地的工程人員或裝修工人，加上過去一年疫情十分嚴峻，又有工作在身，無法前往英國物色較平價的裝修師傅，就「企咗係度」。2022年的4月是英國稅季，他亦查問如何填寫物業報稅表，由於沒有租金收入，他亦認為自行報稅亦可，不用另外聘請會計師。

對於上述的投資英國樓讀者的經歷，筆者確是無言以對，也難以提供意見，只能說「免費的永遠是最貴」。

7

另類上車方法解密

STORAGE

CLO

7.1

首置住宅計劃 VS共享產權計劃

英國政府為協助當地居民，尤其是年青一族可以「上車」，推出各種置業計劃，包括「首置住宅計劃」（First Homes Scheme），以及「共享產權」（Shared Ownership）計劃。

如何購買「首置住宅」？

申請「首置住宅計劃」的人士，可以市價7折甚至5折購買物業，但是計劃僅適用於英格蘭，可購買的物業大多為一手新樓，部分可購買指定的首置類別房屋，類似香港的居屋。

申請「首置住宅」的要求是18歲或以上，並且是全球首次置業，如果配偶已有物業，也不具備首置資格，家庭總收入不超過8萬英鎊，如果是倫敦地區則不超過9萬英鎊。另外申請者亦需要有穩定收入，可以向銀行申請最少為樓價一半的按揭貸款，如果收入足夠，但首期不足的話，更可以最少5%首期上車。

有意申請的人士，可以在心儀的地區，留意有沒有發展商刊登廣告，而其樓盤會劃出一部分的新盤作為首次置業計劃物業，以樓價扣除30%至50%折扣後，再經獨立測量師估價，可以在倫敦購入折扣後樓價不超過42萬英鎊的物業，在英格蘭其他地方的樓價則折扣後不得超過25萬英鎊。

日後出售物業，也只可以將房屋賣給同樣資格的首次置業人士，而且樓價折扣需要和之前的一樣。首次置業計劃最大的好處，是讓買家可以以較低的首期置業。另外，在英格蘭或北愛爾蘭的首次置業者，買入42.5萬英鎊以內的物業，都無須支付印花稅。

首置住宅計劃的物業亦有其缺點，例如購買的資助房屋或是發展商賣剩的「貨尾」，樓層座向及物業質素未必是最好；部分資助房屋的屋苑為區分私樓及資助房屋，大堂出入口亦有分別。而在出售物業時，已限制了下一手的買家，需要同樣為首置買家，出售時樓價亦要提供和之前一樣的折扣，因此，即使樓價上漲，亦限制了轉手出售可以獲得的利潤。

「共享產權」助上車

另外，共享產權（Shared Ownership）亦是英國政府資助房屋計劃之一，目的是幫助不夠首期或按揭借款不足的首次置業買家「上

車」，買家可以跟房屋協會、地方議會按10-75%比例先購買物業部分業權，一手二手都可以，但購買的物業只限租賃業權。

例如只購買物業25%的產權份額，首期便只付份額的5%就可以一嚐做業主的滋味，另外的20%便向銀行申請按揭，同時又可在入住該物業時，繳交剩下75%產權的租金，既是業主又是租客的「半租半買」的全新概念。75%的產權是由房屋協會、地方議會等「大業主」持有，買家需按業權比例向其繳交租金。

「共享產權」的申請資格

「共享產權」計劃，跟2023年3月停止的Help to buy貸款計劃相類似，但是買樓所需的首期金額比Help to buy更低，更不局限於只可購買新樓。該計劃對象不限於英國公民，只要擁有居留簽證合法居英人士均可申請，即是持 BNO 簽證移英的人士，只要符合資格，亦可以申請共享產權的房屋。

根據第一太平戴維斯（Savills）在2019年的報告表示，隨著Help to Buy在2023年3月結束，不少買家將目標轉移至共享產權物業，或令其需求增加，預計每年有超過15,000伙物業成交。2018年已超過13,400伙共享產權物業完成交易。在2021年，英國政府動用超過40億英鎊資助13.5萬伙新加入的共享產權房屋。

而且，共享產權申請的門檻相對較寬鬆，曾經擁有物業但目前沒持有物業人士，甚或想換樓人士，也可申請(詳見下文)，雖然申請者的入息要求跟「首置住宅計劃」相若(如生活在倫敦，其家庭年收入不可多於 9 萬英鎊，倫敦以外則入息不可多於 8 萬英鎊)，但是共享產權適用於英國全國，只是英格蘭、蘇格蘭、北愛爾蘭以及威爾士均各有不同的申請條件及運作。

以下以英格蘭共享產權的申請資格為例子：

其一，申請者為首次置業，或是現時並無持有物業。

其二，申請者曾經擁有物業，目前沒有持有物業，但打算購買心儀物業，可是無法負擔新物業的樓價。

其三，申請者已結束了一段關係，打算重新組織家庭，並且打算購入新的物業，可是無法負擔新物業的樓價。

其四，申請者早年已買入共享產權的房屋，現時預計搬出該物業，於是再次申請共享產權。

其五，申請者已擁有物業，並計劃換樓，可是無法負擔新物業的樓價。

至於購買房屋方面，有部分特定物業會要求申請者必須證明其原有居住及工作地方，與預計購買房屋的地區有關聯。

如何購買「共享產權」物業？

共享產權的申請者可買入由房屋協會（Housing Associations）、地方議會（Local Councils）或其他組織（Other Organizations）提供共享產權房屋。

以市價買入物業部分產權，最少為10%份額至75%的份額產權，當中只需花買入份額的5%首期，其餘的可申請按揭，同時又可在入住該物業時，繳交剩下產權的租金，其餘的產權是由房屋協會、地方議會等「大業主」持有，買家需按業權比例向其繳交租金。

假設以一間價值30萬英鎊的單位，買家購買一成業權，價格為3萬英鎊。假設首期為半成，買家只需支付1.5萬英鎊，每年亦可按自身能力再增持物業產權份額，低入場門檻確實吸引不少年輕家庭上車。

在增持物業產權份額方面，部分購入的共享產權物業可以每年增持1%的份額，至於購入的份額的樓價會按原本買入價，參考英國樓價指數變動而增減，增持1%的份額，不用繳付物業的管理費。至於每次購買5%或更多產權份額時，「大業主」可能會向買家收取管理費。大約由150至500英鎊不等。另外亦需在物業估價後的三個月內購買相關產權份額，否則物業將需要重新估價。

絕大部分共享產權的房屋，申請者可以透過每年增加持有的產權份額達到100%擁有權，但是部分「指定保護區」最多只能購買80%

的份額，如果是老年人共享產權（OPSO）房屋，最多持有份額為75%。

另外在交租方面，如果申請者不支付「大業主」租金或違反租約條款，可能會失去該房屋的所有權以及早前投入的資金。

另外，「大業主」通常每年都會審查及調整租金，租金最多的升幅是過去12個月零售價格指數（RPI）的百分比的升幅，額外再加上最多0.5%，假設過去12個月的RPI增長為0%或負數，租金最多可以上調0.5%。

如果購買的是新盤，其首年租金上限為「大業主」擁有的股份價值的3%。但大多數會收取2.75%，可參考圖表7.1。

圖表7.1 共享業權交租金額例子

房屋總價值	£400,000	£200,000
申請者份額（40%）	£160,000	£80,000
大業主份額（60%）	£240,000	£120,000
第一年租金（大業主份額的2.75%）	£6,600	£3,300
每月租金	£550	£275

至於二手物業，首年起租將與之前共有產權的申請者相同水平。當申請者購買物業產權的份額不斷增加，支付給「大業主」的租金比例會逐步減少。

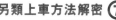
另類上車方法解密 ⑦

在該計劃下，合資格的買家可以在當地承造按揭，購買的物業一手或二手亦可，但是留意購入的只限租賃業權物業，並非永久業權物業，買家可向心儀居住地區的代理查詢及登記。

想購入共享產權物業，買家需要有良好信貸紀錄及有定期供款能力，一般建議信貸紀錄需要最少六個月，最好是以兩年時間去建立信貸紀錄，當然有一份由英國公司支薪的穩定收入及有恒常住址是最基本的要求，相關內容可參閱第六章有關按揭的章節。

北愛爾蘭最少要買入50%

在北愛爾蘭的共享產權物業，則需要向註冊住房協會（Registered Housing Association）Co-Ownership這個非營利組織購買部分物業產權，再以租客身份租用餘下部分業權，而購買樓價上限為19萬英鎊。

北愛爾蘭的樓價及成交量不及英格蘭地區，根據國家統計局數據，2022年第4季北愛爾蘭平均樓價為175,234英鎊，按月跌0.5%，按年則升10.2%。相比英格蘭2022年12月平均樓價為315,119英鎊，北愛爾蘭的樓價相差甚遠。故此購買北愛爾蘭的共享業權物業，買家需購買最少50%業權至90%的業權。

蘇格蘭和威爾士最少買入25%

至於蘇格蘭的共享產權物業，買家則可以購買25%、50%或75%的房屋產權份額。即使並非完全擁有房屋的所有權，但由於買家同時又是租客，住在物業之中，需要承擔物業的大小費用，當中包括家居保險、建築保險、維修及保養、議會稅（council tax）、供暖、電費和水費等能源費用。

另外，首次置業人士、武裝部隊成員、在過去兩年內離開武裝部隊的退伍軍人、低收入家庭、殘障人士均有共享產權住房申請的優先權。

至於出售方面，業主在出售房屋之前，需要向住房協會申請並取得房屋報告（Home Report），蘇格蘭物業即使不用做按揭，業主也必需提供房屋報告給下一手的潛在買家，當中包括物業測量報告及物業估價。

威爾士方面，共享產權物業的買家則可以購買25%至75%的房屋產權份額。每年家庭總收入不多於6萬英鎊。

共享產權物業的利與弊

英國政府推出共享產權計劃，目的是幫助更多人置業，但每個計劃總有當中的利弊，大家需要衡量而作出決定。

共享產權物業最大好處是讓資金不足的買家，以一個較低的門檻以循序漸進的方式購入物業。同時兼具靈活性，買家以其經濟能力可負擔的範圍下，每年購入不同的百分比，增持其持有的物業產權份額。

一般而言，共享產權房屋的租金會比市場租金較低，令居住成本大幅調低。

另外，管理費用對比同類型、同地段的物業較低。相較於獨立擁有整個物業產權的業主，共享產權的業主只需負擔其所擁有房屋份額的管理費，通常這些費用會比全額擁有房產的業主少。

共享產權房屋看似十分著數，不過「有辣、有唔辣」，共享產權房屋的物業權不完整，無論是轉售抑或出租都受到很大限制，將來或要購買至擁有100%業權才有利出售，即使已擁有百分百業權，住屋協會等「大業主」亦享有優先回購權。

如是擁有100%產權的房屋，通常可以透過地產經紀在二手市場上出售。如果房屋是「指定保護區」設有「強制回購」租約，則不能在公開市場上出售房屋。在這種情況下，大業主會買下物業，或是安排其他買家代買。故購買物業前，應了解其物業的出售條款。

另外以租客身份入住時，不可對物業進行任何結構上的改變，例如拆牆、加建。由於是租賃業權並非永久業權，這意味買家均需要支付每月管理服務費以及部分維護費用。

7.2
如何找出共享產權物業？

要找出共享產權物業，最簡單方法是在Rightmove網站進行篩選尋找。以下會逐步教大家找出心儀地區的共享產權物業。

STEP 1

在Rightmove網頁輸入心儀區域的post code，例如MK10。

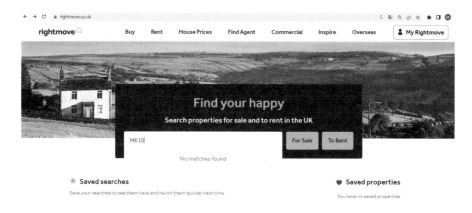

STEP 2

選取物業種類，由於共享產權物業為租賃業權，大部分以「Flat」
為主。

STEP 3

在右邊的篩選項目中，選取「Buying Schemes」（購置計劃），大
部分由政府推出的置業計劃均可選取這項。

STEP 4

在新增關鍵字時，輸入「shared ownership」。

STEP 5

結果顯示MK10，有2房1廁的共享產權公寓，購買50%的股權，定價為132,500英鎊。

在Rightmove上述的放盤中顯示，買家最少要購買50%的房屋股份，也可以購買更多例如75%的房屋股份，當然每年亦可以增持

直到擁有100%的股份。上述兩房一廁的放盤，如購買100%的股權為26.5萬英鎊。如購買50%份額，定價為132,500英鎊，另付租金為441.67英鎊，如加上管理費用，達530英鎊。如購買75%的份額，定價為198,750英鎊，另付租金為220.84英鎊。

以共享產權物業按揭計算機計算，假設購買的是50%的份額，首期只付50%份額的5%，僅付6,625英鎊，並向銀行申請貸款125,875英鎊，假設目前利率為5厘，按揭年期以25年計算，整個家庭的每年入息要求最少為36,474英鎊，由於是「半買半租」概念，每月銀行供款、租金及管理費需付1,266英鎊。

圖表7.2 共享產權物業例子

房屋總價值	£265,000
購買份額（50%）	£132,500
首期為購買份額的5%	£6,625
銀行貸款	£125,875
按揭利率	5%
按揭年期	25年
家庭年入息要求	£36,474
每月銀行供款	£736
每月租金及管理費	£530

共享產權例子

從大學讀書時，已開始跟朋友合租的Emily，在過去的十年，一直都是在租樓。跟朋友合租了一段時間，住過不同的地方，在置業前跟朋友在布里斯托合租房子。

2019年，已經27歲的她希望擁有更多的生活空間，及屬於自己的空間，於是在Rightmove搜尋屬於自己的房子，最後選擇住在西南部布里斯托的北方，迪恩森林（Forest of Dean）的兩房半獨立屋，一出家門口就可以進入迪恩森林和南威爾士。

選擇這間半獨立屋是因為它的位置，而且自己有能力負擔。物業是農村新建開發項目，是一棟十分新的物業。Emily為營銷主管，由家裡至城市的工作地點，通勤不到半小時，她也很享受在家的時候，可以在鄉村散步。

她表示，她在2020年3月，英國宣布第一次封城後便搬進來，在搬入新屋一年之際，她很感恩能夠安全、快樂地在屋內渡過這場疫病，並擁有一個屬於自己的家。

她表示，物業的市價為23萬英鎊，她只購買了其中的50%，並支付另一半的租金。她支付24%的首期為27,600英鎊，每月需要償還銀行供款為325英鎊和262英鎊的租金，另外還有30英鎊的管理費和地租。

透過ISA戶口儲首期

至於首期方面，她是透過Lifetime ISAs戶口儲蓄首期，即是每個納稅年度，申請者可以透過ISA戶口存入不超過4,000英鎊的存款，政府為鼓勵儲蓄，每年最高獲發1,000英鎊的政府獎金，變相戶口儲款每年增加25%，另外ISA是免稅，並適用於18至39歲的申請者，申請者可以用戶口的資金來購買第一套物業或將其投資存至年滿60歲，才可提出。

7.3
退休住房計劃及按揭

英國除了共享產權的房屋外，還有其他另類的物業，例如退休住房（retirement housing）。這是針對老人家的住房計劃，申請者需要是年滿55歲或60歲的英國公民。大多數退休住房以租賃方式出售，租賃業權為99年或125年。另外新建的退休物業也有999年的租約。

不少手上有資金的老人家，希望晚年入住服務較為周全的退休物業，除了因為可以自由地在自己擁有的物業中生活，又可以結識同齡的新朋友，又可以上興趣班或修讀課程，住綜合大樓比其獨自生活更安全，物業管理亦可以提供個人護理，甚至是全天候護理亦可。

至於盤源，大致搜尋方式與共享產權物業的方法相似。只要選取「Retirement Home」即可。

由於為租賃業權，土地擁有人（freeholder）會提供管理服務，情況類似香港的老人院、療養院概念，藉此向承租人收取定期的管理服務費，尤其是在經常提供額外服務的退休住房。

其管理服務包括院內有一名物業經理並會提供協助及服務，同時管理包括維護和清潔公共區域，例如走廊、電梯、公共休息室、室內及室外場地等。還有物業的結構、外部和公共區域的維修和保養及建築物保險。對於一房公寓，每年可能需支付1,500英鎊至3,000英鎊的管理費用。

另外老人家可以通過以下方式獲得相關的補助，例如申請養老金抵消相關的服務費用，例如維護費用，花園、電梯、門禁電話、搬家費、電視和廣播轉播費，家庭保險等。

退休住房較難出售

但是退休住房是有代價的，而且所費不菲。退休住房屋樓價通常比公開市場上的物業更貴，雖然24小時提供服務，並非所有退休住房均有醫療服務，即使提供也會額外收費。

由於是養老院通常更難出售，這主要是因為這類房產的目標買家是55歲及以上，比公開市場上的一般物業更難出售，最終售價可能遠低於預期，甚至虧本。

這些類型的房屋可能需要很長時間才能出售，或可能成為處理遺產的家庭成員的負擔。有意申請的人士可以向退休住房經理協會（Association of Retirement Housing Managers，ARHM）查詢。

退休還息不還本按揭

一般而言，老人家申請按揭貸款，大部分銀行不會向超過特定年齡的借款人提供按揭貸款，在英國申請按揭貸款時最高年齡通常為65至70歲，還款年齡最遲為70至85歲。即使是已退休人士，也需要向銀行出示收入證明，例如股票或其他投資獲得的收入證明，及養老金等。

另外也有部分老人家因年齡限制難以獲得主流抵押貸款，會選擇「退休還息不還本」按揭（retirement interest-only mortgage, RIO），情況類近按揭章節提及的「還息不還本」按揭，但退休版本亦略有不同，目前這類貸款申請只提供給55歲或60歲以上人士，但是申請者需要證明有能力償還每月供款利息。

如果是申請RIO按揭，可以借貸成數為50%，如果償還本金及利息，則可以借貸65%。若是RIO按揭，每月償還固定不變的貸款利息，直到申請人去世前或需要接受長期護理之前，也不必償還本金。假設申請人離世，銀行會將物業賣出，從中收取貸款金額，剩餘部分或有可能作為遺產部分傳給子女。

另類上車方法解密 **7**

假設申請者在15年前,剛滿55歲時,購入20萬英鎊的物業,並
採用RIO按揭,向銀行申請50%按揭貸款,即是借貸10萬英鎊,
假設按揭利率為5%。15年後,申請者離世,物業因應通脹已升值
至30萬英鎊,該物業被銀行出售後,償還10萬英鎊的本金,另外
還剩餘20萬英鎊的尾款,或可能以遺產部分傳給家屬。

圖表7.3 申請「退休還息不還本」按揭例子

15年前購入房屋總價值	£20萬
按揭成數50%	£10萬
首期	£10萬
按揭利率	5%
按揭年期	15年
每月銀行供款(只供利息)	£417
全期利息支付	£75,060
15年後的房屋總價值	£30萬
還清貸款後剩餘	£20萬

8

出租物業必修課解密

8.1

留意地區發展藍圖

很多人都有錯覺，認為投資回報高等於風險高。投資回報主要基於兩大項，一是租金收入，二是升值回報。如果只追求短期租務回報，高風險一定在所難免；但如果考慮到中長線升值潛力，回報高仍然是三大元素：Location，Location，Location，選對Location的話，高回報卻不一定高風險。

很多人買物業的著眼點只放在租務回報，認為倫敦或大倫敦區只有三四厘賬面回報屬「雞肋」，結果一窩蜂湧向三四線「低水」城市投資，以賺取高一倍甚至雙位數租金回報。天下沒有免費午餐，租金回報高，某程度亦反映較大潛在風險，例如當地治安問題、租客質素參差、樓價升值潛力較弱、人口呈負增長，就業機會低等等。

需平衡租務回報與升值潛力

筆者認為，投資風險高低，取決於大家對該城市的認識有多深。就算是大倫敦、曼城等大城市，都有所謂好區及差區，只有透過落區體驗及查詢朋友意見，才能知道為何某些郵區編號存在較高溢價、樓價相對「硬淨」；而某些郵區為何特別「低水」，難以追落後。

整體而言，英國樓價自2005年1月至2022年11月，累積升幅為99%，同期蘇格蘭升幅為104%，威爾士及北愛爾蘭則分別升78%及57%。高租金回報率的城市，多數位於英國中北部或威爾士、北愛爾蘭等地，但樓價升幅卻明顯跑輸倫敦及一二線城市。

瀏覽Council網頁看發展規劃

大家如看中某一區想投資，建議到該市政廳（Council）網頁，瀏覽有關該區未來五年規劃路線圖，情況就如香港般，當啟德發展區作為第二個核心商業區（CBD 2）發展不似預期，該區無論樓價以至租值，往後未必會跌，但肯定會跑輸整體大市。

每個Council都有中長線地區發展藍圖（Local Plan），詳述未來規劃發展、在哪裡起多少樓、學校及文娛設施配套，以及有何交通網絡配合、該區未來新興產業，以至大學擴展等計劃，這些資料往往是決定哪個區域往後能脫穎而出的重要線索。

8.2
自己放租還是找代理幫忙？

投資英國物業應是自行放租，還是委託代租經紀行（Letting Agent）去處理，相信是投資者關心課題，因直接影響回報。

筆者曾向相熟的英國經紀談及這個話題，以下的見解僅供參考。如果想自行放租，英國有個放租平台「OpenRent」，但筆者相信會選擇自行放租的業主，必定本人身處英國，而且自身居住地方與放租物業不會相差太遠。若是自己住在英格蘭，放租物業在蘇格蘭，會選擇OpenRent的業主極少，除非租客是香港的朋友。

自行放租最好人在當地

對於在OpenRent放租，筆者認為是可行的，但租客最好是「同聲同氣」的香港家庭，由於港人以BNO Visa登陸英國租樓，大多預繳半年至一年租金，業主可即時賺取租金回報，鎖定半年或一年利潤，而且遇上問題，雙方比較容易溝通及理解。

不過打算以OpenRent形式租給港人的話，要留意投資的物業是否具有「競爭力」。一般而言，港人家庭租客打算租住的地區必定有以下條件：有良好校網，治安、交通及環境方面均不可以太遜色。在倫敦大熱校網地區例如City of London、Kensington and Chelsea以及Harrow等都是爭崩頭的地區，在曼城則是Sale及Altrincham等為名校網，然而富人區入場門檻高，租金回報未必太高。

如果選擇OpenRent，業主最好有以下的準備來管理物業，例如物業內有結構損毀、電器維修、漏水等問題，已有相應的工程人員幫忙修補，以及可自行申索各項保險。另外，如不幸遇上租霸，亦有相關的法律團隊，可以幫忙處理各項法庭文件。

雖然出租給港人，他們沒有任何背景審查的信貸紀錄，但參照英國整個租樓程序，雙方需簽署Assured Shorthold Tenancy（AST）租約，租客需要繳付4至5星期的按金，切記按金並非是由業主保管，而是放在Deposit Protection Scheme，即政府指定機構以保障租客，當租約期滿收回物業，雙方就物業有爭拗時，該機構亦有公正人員協調及磋商。

當然如何找到移英的港人家庭，而又剛好考慮在你投資的地方找租盤，這正是要面對的問題。雖然坊間有不少移英群組，有港人刊登自讓租盤，但筆者也曾聽過多位投資英國樓的港人表示，自己投資的物業，連自己也不打算入住，當初投資時只考慮租金回報高，但是環境太雜、單位質素一般，如果打算自行放租予香港人，需要多花些心神。

代租經紀行一手包辦

若考慮出租給當地英國人的話，筆者建議聘請代租經紀行處理比較合適，因為我們不太清楚當地租務文化及流程，自行出租第一步，對英國租客進行個人信用及背景審查（Credit & Reference Check）已十分吃力，尤其是如果該租客曾因欠債被告上法庭，索取有關租客的 Landlord Reference，即是前業主對其評價，檢查租客的資金證明等，代租經紀行已有一套完善的系統。另外刊登租盤方面，在英國大多用 Rightmove，但是用戶月費並不便宜，大約 1,000 英鎊左右，一般代租經紀行已有相關放租配備。

以下是關於找代租經紀行需要考慮的因素，首要是公司規模大小。假設是在曼城，最好選擇規模較大的，例如管理超過 3,000 個物業租務的經紀行比較穩陣，原因是大型經紀行代理物業伙數較多，租客紀錄完善，而且當遇上蠱惑租客，大型經紀行有牙力，可以和租客抗衡。

相比之下，小型及近年新成立的代租經紀行，筆者並不建議，因為新成立未必熟悉當地法例及未必有經驗，如遇上租霸，走法律程序未必可以處理完善，例如出封律師信都未合規格，以及物業有問題難以即時處理。

至於在倫敦，反而中型的代租經紀行也不錯，例如管理逾 1,000 伙物業的租務。因為大型經紀收費極昂貴，倫敦的租金回報已比曼城

低，交完管理費「無乜肉食」，有聘請Letting agent的朋友表示，倫敦大型代租經紀行，回覆未必如中型經紀那麼快，中型經紀不比大型經紀行差。

收半個月佣金及每月管理費

業主如聘請代租經紀行有兩大費用，第一是Letting Fee，即是物業出租後，收取半個月租金為佣金。第二則是每月管理費，例如代收租，每月發電郵給業主，列出物業收入及支出賬單、維修跟進，以及跟租客聯絡等，以曼城為例，管理費為租金8%至10%另加VAT稅項，至於在倫敦的話，管理費為租金的10%至12%再加VAT稅項。

另外租客搬入前及搬走後，做物業檢查時會拍片及影相，每次都會收取約100英鎊的費用。

我們明白代租經紀行也是「過水濕腳」，但是首次投資英國樓的港人，遇上物業有問題需要處理時，確實需要他們去打點及處理。

8.3
出租物業的合法程序

無論是租客想找物業租住，還是業主想出租物業，都要根據合法程序處理，保障自己。這章會談談無論租客還是業主在保障自己上需要進行的合法流程。

租客租住物業 8 大程序

1）透過 Rightmove，Zoopla 等網上平台搵盤

無論是透過網站或手機 app，輸入地區、租金範圍、物業類型及房間數目等等要求，就可以由萬計租盤，過濾出一堆適合你條件的單位。如有養寵物，建議在選擇關鍵字上加上 Pets，即業主的單位准許租客寵物入住。

2）約時間睇樓

網上平台的樓盤單位，一般都附有十張八張室內圖片，甚至影片。但有圖未必有真相，有時圖片都是陳年入伙或裝修後影的，大家到場睇樓，不要驚訝有甚大落差。一般而言，只要在平台看中租盤，就可以透過電郵預約，或打電話直接查詢，但勿期望即約即睇樓，有時預約滿了，只能排 waiting list，那麼你就算想看亦看不到。

睇樓一般在單位外面等待代理一起進內，即使現有租客未遷走，他們亦要有條件開放予新租客睇樓。除了間隔及傢俬外，特別留意單位能源效率評分（Energy Performance Certificate，EPC），等級 A 是最慳電的，G 是最低級。等級愈低，屋內保暖程度愈差，有朋友住在 E 級半獨立屋，冬天屋外零度時，只要關了暖氣，屋內溫度就迅即低於 10 度；另一邊廂，A 級 EPC 可保持屋內溫度較長時間，甚至毋須開暖氣，室內溫度亦達 15 度以上。長開暖氣分分鐘收到「震撼賬單」，見過有朋友初來英國全日長開暖氣，當月收到 500 鎊賬單。因此，勿租 EPC 太低租盤。

3）出價及接受出價

如果看中合心水租盤，可以向代理出價（make offer），並填寫一份表格，一般在網上可完成，主要是填寫個人及入住家庭資料。就算十分喜歡該單位，建議只以標價為上限，認識一位朋友兩年前欲租入倫敦市郊一間排屋，原先業主叫租 2,000 英鎊，朋友就出多 100 英鎊至 2,100 英鎊，希望能以少許溢價增加獲租機會，結果被代理質

疑意欲分租（sub-let）單位而被拒絕。英國租屋，業主除考慮租金外，亦會考慮一系列因素，例如是否有小朋友、寵物，吸煙等等。

4）交一個星期訂金

當業主接受出價後，代理會要求租客先付相當於一周租金的訂金（holding deposit），然後代理就會將租盤由網上落架或加上已租出的字眼。

5）信貸及背景調查

業主租樓最怕遇上租霸，因此代理會向準租客進行信貸調查（credit check）及背景調查（reference check）。港人透過BNO VISA赴英，初抵埗沒有收入證明，這部分一般會豁免，但前設是要預繳半年或一年租金。至於背景調查，鑑於BNO VISA屬right to rent的簽證，只須向代理提供簽證護照核對就可。

6）簽署租屋協議

代理完成調查後，租客會簽署租屋協議（Tenancy Agreement），列出租金合約期、價格及退租等條款。如果有寵物，簽租約時也會需要加簽一份Pet Agreement。

7）繳交五周按金，及預付半年至一年租金

香港租樓一般繳交兩個月按金，待退租時業主歸還。英國實施了

「租金按金存款保障計劃」，按金上限為五星期，租客按金必須交由政府批准的機構保管（例如Tenancy Deposit Scheme），租客會收到一張按金保護證明和相關按金保障計劃的資料。當退租後，只要雙方滿足了租賃合約、沒有破壞單位、以及有繳清租金及應付賬單，業主需於租約完結的十天內退還訂金。

如果對屋內情況有爭論，相關保管計劃會作為租客及業主調解中間人，完事後，最終由保障計劃歸還按金予租客。

以下是三個主要「租金按金存款保障計劃」登記網址：

租金抵押計劃：https://www.tenancydepositscheme.com/

存款保障服務：https://www.depositprotection.com/

MyDeposits: https://www.mydeposits.co.uk/

至於租金，一般是按月交租，礙於港人到埗未有即時收入，普遍會被要求一次過繳付半年至一年租金。交租後代理亦必須在交鎖匙前，將一系列文件交給你，包括訂金及租金收據、EPC證明文件、電力及煤氣暖爐裝置等保養文件。

8）收屋拿鎖匙及檢查全屋

當所有手續完成之後，代理就會約租客收屋拿鎖匙。收屋當日，代理會安排 inventory check，即是記錄收屋時，屋內的所有狀態以及電器傢俬資料。負責inventory check的職員會逐一影相及紀

錄，例如牆上及地板是否有花痕等，當你退租時，業主會根據這份 inventory report 看看租屋前後實際狀況，如有損壞遺失，業主有權要求在按金上扣除。

Inventory report最遲半個月內會由代理以電郵傳給租客，如果是半獨立屋排屋，報告頁數動輒超過100頁。一定要檢查是否有任何地方遺漏，如有的話，要通知代理作出補充。

英國政府官方有一份18頁租樓流程The checklist for renting in England，可以在這個連結下載PDF檔案：https://bit.ly/3YAWFZT。

租盤能源效益最低要E級

基本上，租客出租物業過程，與業主放租相差不大，以下針對業主開支費用補充幾點：

1）代理單邊收佣：香港無論是業主或租客，委託代理一般收費是雙方各自繳交半個月租金。英國住宅租務是單邊向業主收佣，費用約半個月至一個月租金，視乎地區及租值。費用是給予代理落廣告搵租客、完成處理中間的出租過程，以及收取按金及處理租賃協議事宜，並不包括代客收租。

2）自行收租 VS 收租服務：如果是隔山買樓，一般都採用代理一條龍代客收租服務，由代理每月為你收取租金，並跟進任何欠款，收費大約是每月租金10%至15%，視乎不同地區及代理。如果需要有更全面服務，包括負責維護及維修，相關費用會增至15%至20%。

如果出租單位距離自住地點接近，毋須假手於人，租金回報可以高出一截。但如果尚未赴英、隔山買樓然後放租予陌生人，涉及的風險較大，而英國維修費用小數怕長計，建議新手頭一兩年不妨用letting agent代勞。

3）低EPC不能出租：英國政府對出租物業有一定監管，業主有義務保證出租單位的水、電、煤等方面的安全，尤其是火警警報器，政府規定業主在出租給新租客前，必須確保每層樓至少有一個火警警報器，並且必須處於運作狀態。如果租客舉報防火安全問題，業主會被罰5,000英鎊。

為加強節能環保，2020年新條例規定下，所有單位的EPC評級最少要達到E級，才可以出租，否則會面臨罰款。業主要進行改善工程：如換熱水器、單層換雙層玻璃等，以加強分數。有關修例會進一步加緊，2025年12月之後開始的所有新租約，物業EPC評級最少要達到C級。

英國政府官方同樣有一份出租物業流程簡介A guide for current and prospective private residential landlords in England，可以在這連結下載PDF檔案：https://bit.ly/40SkFtE。

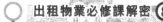

出租物業必修課解密 ⑧

8.4

如何以法律趕走租霸

港人移民英國，投資當地物業成大趨勢，2022年通脹困擾下，英國經濟急轉直下，拖租欠租個案亦增加。不少買入英國樓收租的業主被拖欠租金多時，追索過程十分漫長。有港人業主更遇上租霸，霸佔物業逾一年「零交租」，最終訴諸法律，希望請走租霸及追討欠款。如買入連租約物業，更要加倍小心，由於「人已住喺入面，要送走需要唔少時間」。

筆者知道一個個案。早在2020年開始入市英國物業的陳先生，於2020至2021年總共買入六間物業，遍布英格蘭曼徹斯特、南約克郡及蘇格蘭格拉斯哥等，分別涉一間公寓（Apartment）、三間聯排屋（Terraced House），兩間半獨立屋（Semi Detached House）。他打算稍後一家以BNO Visa移民英國，故在移民前密密掃入物業，希望移英後有被動收入，減低財政壓力，加上英國物業在扣除開支後，仍有約4厘或以上租金回報，他認為買樓收租不錯。

不幸地，陳先生有兩間物業遇上租客欠租，令其有少少「失預算」。他指，如果收不到租金，基本上回報「歸零」，但他亦明白投資買賣始終都有風險。其餘四間則遇上好租客，有準時交租，而且樓價有不俗升幅令其有少少安慰。

出租前緊記做足審查 買業主保險

「出事」的物業位於博爾頓市（Bolton）的克斯利小鎮（Kearsley），是他第一間買入的英國物業，在2020年第一季以約14萬英鎊買入三房的半獨立屋，並在第二季以700英鎊租出，租客2021年下半年開始欠租。他指，原本的租客是位老人家，並由其政府資助來繳付租金，但是在租約期間老人家離世，屋內同住家人失去政府資助後，在交租金方面顯得困難，租客又以找不到其他地方居住為由，「霸佔」物業半年之久，期間交租狀況是「交吓又唔交吓」，加上租客拒絕與代租經紀（Letting Agent）聯絡，物業內櫳狀況未明，因此陳先生聽從經紀建議循法律途徑追討，其後進入法律程序。

另一間欠租物業位於南約克郡的巴恩斯利（Barnsley）聯排屋，2020年以8萬英鎊買入，月租550英鎊，其後被欠租約兩個月，租客亦是「逐啲逐啲俾」，但是這次是代租經紀做租客的背景審查不夠全面，入住租客有兩位，其中一位曾失業一段時間，亦沒有擔保人。

他奉勸一定要買業主保險（Landlord Insurance），部分損失可向保險公司索償，但需要符合相關條件。其中一類保險為Rent Guarantee Insurance，或稱Tenant Default Insurance（租戶違約保險），如果租客連續欠租兩個月，一般的租金保險可支付最多12個月租金，前提是必須遞交租客背景調查。羊毛出自羊身上，買保險自然令實際回報降低，而相關收費介乎每月數十英鎊至數百英鎊不等，視乎單位面積及租值而定，可以在格價網站比較。

租客「時不時」交租 處理更麻煩

如果租客完全沒有交租，業主可以訴諸法律，但是租客「每次交少少，三個月俾兩個月租」，屬於職業租霸行為，業主遇上這類租霸很麻煩，因為「有交租」不可以發出律師信，亦不可以趕走，雖然可以追討租金，但繳付律師費又是一筆額外開支。

法庭排期花四個月

有租務業內人士指，早年代辦一宗租霸事件，相關業主在2020年底收樓，為連租約物業，但由2021年下半年開始，已經有一年多

完全沒有收過任何租金。有部分業主擔心找不到租客，索性連租約買入物業，以為穩陣，可是該單位租客是上一手業主自讓出租，租客背景審查並非經出租經紀行審查，下手買家難以審查其背景。他指，相關租客首兩個月準時交租，之後用盡各種理由推搪，拖延簽新租約。

2021年年初因全球肺炎疫情爆發，英國政府因應疫情要求業主不可趕走租客，因此直至當年8、9月才發出律師信，但租客以失業為由拒絕搬走，最後業主訴諸法律，整個程序花了四個月時間。法庭排期上庭時間一拖再拖，最後法庭發出通知令要租客搬走，但是租客仍然不願離開，又花了一個多月申請執達吏，整個趕走租霸過程已花逾一年時間。

入手連租約物業 宜索取租客財務紀錄

如果買入的物業是吉屋，找出租代理可以審查租客背景及信用評級，例如是否曾欠租或被法庭申索。至於買入連租約的英國物業，須向上手業主索取租客過去一年交租的財務狀況及銀行證明文件，沒有欠租紀錄，新買家才接受買價，不要貪平及貪快。

英國業主欲收回物業，主要有兩點理據：

1. 租客拖欠租金，沒有履行《租賃協議》規定；亦有反社會行為（Anti-Social Behaviour），如製造高分貝噪音、在牆上塗鴉等影響其他住戶的持續行為；

2. 業主個人原因，如想賣樓或自住。

在英國一樣會遇上職業租霸，尤其近期經濟轉差，拖拉賴租情況在倫敦、曼城以至愛丁堡等都有聽聞。英國業主欲收回物業，趕走租霸，必須遵守法律法規行事，尤其過去幾年疫情期間，個別租戶故意利用臨時政府法規拖欠租金，礙於英國明確禁止業主自行驅逐租客，要收回物業並追討拖欠租金，必須遵循一些法律程序，大致分為以下四個程序。

1）第一階段：用《第8條通知》或《第21條通知》強制收樓

根據英國《住屋法案》規定，業主想合法地收回物業使用權，可

向租客發出《第8條通知，section 8》及《第21條通知，section 21》。Section 8需要業主提供驅逐租客理由，例如租客至少拖欠八周或兩個月租金。至於Section 21則較寬鬆，業主毋需提供理由，只需合約期屆滿前兩個月通知租客，便可收回物業。

如果能與拖欠租客協商，例如分期還租、減租等等，對業主以及租客的損害程度最細，但遇上職業租霸，頭一兩個月準時交租，但及後欠租，理論上只要欠租八個星期（以每周交租計）、或兩個月（以每月交租計），就可向租客發出Section 8。業主必須使用法律規定的標準表格（Form 3）——「關於對短期固定租約房屋的佔有權索回通知」表格（Notice Seeking Possession of a Property Let on an Assured Tenancy or an Assured Agricultural Occupancy），如果租客無視通知，業主可在一個月後啟動法庭程序。

2）第二階段：向法院提出收回物業要求

如果租客沒有在發出「通知」規定的日期前離開，業主可以向法院申請物業收樓令（Possession Order）。租霸一般會向法院提出抗辯（Defence），反駁業主指控，或是請求法庭寬限更多時間以搬出。

2020至2022年間受疫情影響，法院要求業主及租客陳述自己受疫情影響的情況，因此法庭往往會予租客更多時間遷出。

3）第三階段：法庭下達物業收樓令

法院受理業主案件後，會首先規定一個「審閱日」，讓法官過目所有文件材料和證據，並作出是否會舉行正式聽證會的決定。聽證會後，若滿足了相應的要求，法官會下達正式收樓令，並給租客「合適時間」讓他自願搬出。

如果業主只打算讓租客離開而不追究欠租，就可以Section 21 加速程序（Accelerated Procedure）。

4）第四階段：申請收樓令執行書（Warrant of Possession）

獲得了「收樓令」，但租客仍然沒有在收樓令指定日期內離開，業主就要向法院申請「收樓令執行書」，讓法庭的執行官對拒絕離開的租客進行驅逐。

如不幸經歷四個階段，前後或花超過半年，甚至一年時間，這也是很多業主，礙於法律耗時太長，如租客自願離開，也寧願無奈放棄追討租金。

Wealth 151

自住收租全方位解密

作者	全球樓行
內容總監	曾玉英
責任編輯	Sherry Lui, Alba Wong
書籍設計	Stephen Chan, Joyce Leung
相片提供	Getty Images

出版	天窗出版社有限公司 Enrich Publishing Ltd.
發行	天窗出版社有限公司 Enrich Publishing Ltd.
	香港九龍觀塘鴻圖道 78 號 17 樓 A 室
電話	(852) 2793 5678
傳真	(852) 2793 5030
網址	www.enrichculture.com
電郵	info@enrichculture.com
出版日期	2023 年 4 月初版

定價	港幣 $168　新台幣 $840
國際書號	978-988-8599-94-3
圖書分類	(1) 投資理財　(2) 工商管理

支持環保　此書紙張經無氯漂白及以北歐再生林木纖維製造，並採用環保油墨。